왕 초 보 **영 어** 로 충 분 해

1판 1쇄 2017년 5월 5일

저　　자　Mr. Sun
펴 낸 곳　OLD STAIRS
출판 등록　2008년 1월 10일 제313-2010-284호
이 메 일　oldstairs@daum.net

가격은 뒷면 표지 참조
ISBN 978-89-97221-57-8
　　　978-89-97221-56-1 (세트)

이 책의 전부 또는 일부를 재사용하려면 반드시 OLD STAIRS의 동의를 받아야 합니다.
잘못 만들어진 책은 구매하신 서점에서 교환하여 드립니다.

왕초보
영어로
충분해

왕초보 영어로 충분해
introduction

어린 시절을 생각해 보면 사실 저는 영어공부를 참 끔찍이도 싫어했습니다. 그래서 한참 열심히 공부해야 할 때 이런 생각을 했습니다. '어차피 우리나라 교육은 다 문법과 독해 중심이라 정작 외국인을 만나면 한 마디도 못한다는데, 그렇다면 이게 다 무슨 소용이람. **이런 비효율적인 교육 시스템에 난 동의할 수 없어!**'라고 말이죠. 네, 사실 공부하기 싫었던 청소년의 겉멋 들어간 핑계였습니다. 덕분에 수능을 볼 때 지문에 나온 몇 개의 단어로 상상력을 발휘해서 나만의 지문과 보기를 만들어서 풀어야 했었지요. 물론 점수는 여러분이 상상하는 그 이상으로 스펙터클 했고요.

그리고 시간이 지나 어른이 되고 보니, 교실 안에만 있을 것 같았던 영어가 저의 생활 여기저기에서 저를 기다리고 있었습니다. 영어란 수능점수를 위한 것이 아니었던 것이죠. 취업, 승진, 여행, 유학, 친구, 드라마 등… **영어가 필요한 이유는 시간이 갈수록 더 제 앞에 나타났습니다.** '난 대한민국에서 한국 사람만 상대하며 일할 건데 왜 영어가 필요한지 모르겠어!'라고 생각했지만, 이번에는 쉽게 영어를 포기할 수가 없었습니다. 앞으로의 미래뿐 아니라 행복, 즐거움 이런 것들마저 영어와 연관이 있었습니다.

의사소통에 필요한 말을 할 수 있게 되는 것

영어를 배워야 하는 현실이 매우 짜증 난다면 이렇게 생각해보세요. 해외 어디를 가도 영어 한두 마디 할 수 있는 사람은 반드시 있습니다. 중국에서 휴대폰을 잃어버린 적이 있었습니다. 보험처리 때문에 경찰서에서 서류를 떼야 하는데 중국어는 한마디도 할 줄 몰랐기에 막막한 상황이었지요. 다행히 경찰서에 영어를 할 줄 아는 공안이 있어 무사히 접수를 마치고 서류까지 잘 받아서 귀국할 수 있었습니다. 나중에 중국에서 오래 유학한 지인에게 이 이야기를 하니, 중국에서는 영어가 잘 통하지 않는데, 운이 좋았다고 놀라더군요. 저는 이게 단지 운만의 문제는 아니라고 생각합니다. 영어는 이미 여러 나라의 사람들이 사용하고 있는 의사소통 수단입니다. **영어를 세계공용어로써 익히는 사람들은 어디에나 있을 수 있지요.** 우리 역시 이 영어를 배워둠으로 어디서든 의사소통에 필요한 말을 할 수 있게 되는 것입니다.

이런저런 고민 끝에 저는 '기왕 배우는 거, 영어의 바다에 빠져보겠다'라는 각오로 호주로 떠났습니다. 제게 장착된 영어라곤 초중고에서, 그것도 열심히 뺀질거리면서 들었던 학교 수업 내용이 전부였습니다. 하지만 자신감은 있었습니다. '그래도 거의 10년을 배웠는데 뭐라도 남아있겠지.'라는 믿음에서 나온 근거 없는 자신감이었지요. 거기다 그곳에서 만난, 수많은 나라에서 온 친구들이 제 자신감을 더 높여주었습니다. 아니 글쎄, '안녕하세요.' 한마디만 할 줄 알면서 자기가 한국어를 할 줄 안다는 게 아니겠어요? 저는 'Hi', 'How are you', 'I'm fine, and you' 같은 인사말 10개 정도는 영어로 할 수 있었으니까 영어를 잘하는 게 맞잖아요. 어디 그것뿐인가요, 'Come back home', 'I believe I can fly' 같은 팝송으로 다져진 작문 실력도 있었습니다. 비록 제목만 알더라도 말이죠.

introduction

"일단 말 한마디를 건네는 것"

사실 신기하기는 했습니다. 그 전의 저는 누가 "너 영어 할 줄 알아?"라고 물어보면 "아니!"라고 확신을 듬뿍 담아 대답하고는 했습니다. 더욱이 '안녕하세요'한마디 할 수 있는 것 가지고 영어를 할 줄 안다고 이야기 할 수는 없는 일이라 생각했으니까요. 그렇다고 해서 저를 비롯한 다른 한국 사람들이 그 외국인에게 "너 왜 한국어 그것밖에 못 하는데 할 줄 안다고 해!"라며 화를 냈을까요? 아니면 "저, 저 자신감 좀 봐. 실력도 안 되면서 허세만 부리고."하고 비난을 했을까요? 아닙니다. 그 친구들은 순식간에 많은 한국인 친구를 갖게 되었습니다. 일단 말 한마디를 건네는 것으로 우리 사이에 교류가 생기는 것이잖아요. 입장 바꿔 생각해보면 다 비슷합니다. 우리가 서툰 영어를 쓴다고 해서, 정말 한마디만 할 수 있는데 영어를 할 줄 안다고 말한다고 해서 기분 나빠할 사람은 없습니다. 더구나 우리는 한마디 이상 할 수 있으니 더더욱 자신감을 갖고 말해도 됩니다. 정말 형편없었던 저의 영어 실력에도 외국인 친구들은 기가 막히게 잘 알아듣고, 또 알아듣게 말해 주었습니다. 외국인인 세가 자신들과 대화하기 위해 영어를 쓰고 있었기 때문이지요. 그래서 저는 말이 통하지 않아 갑갑한 상황이 발생하면 이렇게 생각했습니다. '이건 모국어 실력이 부족한 그들의 탓이지 제2외국어로 말하고 있는 내가 부족한 것이 아니다.'라고 말이지요. 아마 우리가 먼저 영어로 말 걸지 못하는 이유는 정말 영어 자체를 몰라서가 아닐 겁니다. '이게 과연 맞는 영어일까, 혹시 대화가 길어지면 내가 아는 정도로는 의사소통이 불가능할 것이다.'라고 생각해서 지레 입을 닫게 되는 것이지요. 사실 그렇습니다. 직접 외국인하고 대화를 해본 적도 없다면 더더욱 내가 하는 말이 통할지 안 통할지 확신하기란 쉽지 않겠죠. 게다가 우리가 가장 흔하게 접하는 영어의 창구인 미국 영화나 드라마를 보게 되면, 등장하는 사람들 말이 얼마나 빠르고 유창하던지, 겁을 집어먹을 수밖에 없는 상황이긴 합니다.

왕초보 영어로 충분해

얼마나 적극적으로 행동하느냐에 따라

우리가 패키지로 해외여행을 간다고 상상해보세요. 필요한 말은 다 가이드가 해주니 현지에서 한마디도 하지 않고 돌아온 사람과, 짧게라도 현지인에게 먼저 말을 걸고 대화를 시도했던 사람이 있다면 이 두 사람은 같은 경험을 하고 돌아온 것일까요? 같은 코스를 같이 이동하더라도 본인이 얼마나 적극적으로 행동하느냐에 따라 얻는 결과는 천차만별이라는 것을 여러분도 잘 알고 있다고 믿습니다.

길에서 외국인이랑 눈 마주치면 "Do you speak English?"하면서 길 물어볼까 봐 눈 피하셨던 분들. 그러실 것 없습니다. 인사말 하나만 알아도 영어를 할 줄 아는 거예요. 제가 억지를 부리는 게 아니라, 영어를 쓰는 나라의 친구들도 그렇게 이야기했으니 믿으셔도 됩니다. 그런데 갑자기 말이 길어지면 어떻게 하냐고요? 영어가 모국어인 친구들은 어떻게든 잘 알아들어 줄 것입니다. **영어가 모국어가 아니라면, 비슷한 실력이니 서로 응원하면서 대화하면 되지요. 어느 쪽이든 우리가 주눅이 들 필요는 없습니다.**

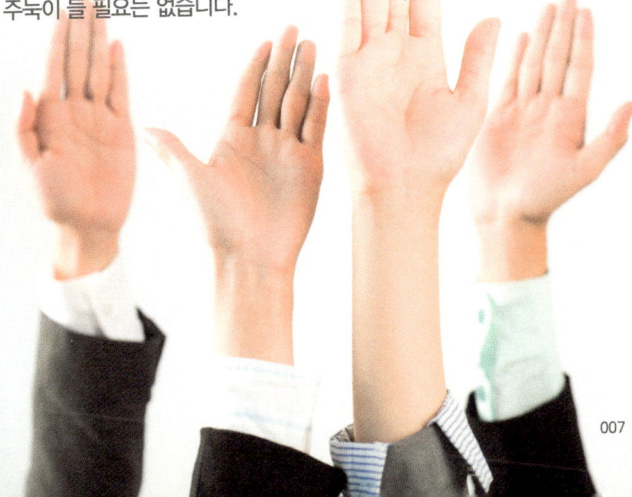

introduction

매번 그렇게 어려운 단어가 필요하지 않습니다

물론 단어를 많이 알고 문법적 지식이 많으면 더 쉽고 빠르게 의사소통이 가능하다는 장점이 있습니다. 듣기에 더 좋거나 있어 보이는 표현을 쓸 수도 있겠지요. 이 부분은 너무나 당연한 사실이기 때문에 반박할 사람은 아무도 없을 것입니다. 하지만 언제까지 더, 더, 더 하고 채워 넣어야 만족할만한 수준에 도달할 수 있을까요? 우리는 이미 생각보다 많은 지식을 가지고 있습니다. 단지 막연히 '이 정도로는 부족해'라고 겁을 먹고 있을 뿐이지요. **막상 매번 그렇게 어려운 단어가 필요하지 않습니다.**

어떤 분들은 더 정확한 표현, 더 좋은 표현에 목말라하기도 합니다. 아니, 정확히 말하자면 '틀리면 어떻게 해?'라는 두려움이겠죠. 영어를 시험으로 배운, 불쌍한 우리 입장에서는 어쩌면 당연한 생각인지도 모르겠습니다. 저는 최근에 신문에서 '우리나라에서 세계적인 문학상을 받는 사람들이 왜 적은가?'라는 기사를 본 적이 있습니다. 기사에서 말하기를 '우리나라에 좋은 작가가 없거나 작품의 수준이 세계적으로 경쟁력이 없는 것은 아니다'라고 하더군요. 단지 적극적으로 번역이나 홍보를 하지 않아 많이 알려지지 않았을 뿐이라는 것입니다. 아무리 좋은 소설이 있어도 후보에 오르지도 못했으니 상을 주고 싶어도 줄 수가 없는 것 아니겠어요? 그럼 이제 적극적으로 많이 번역하고 전 세계에 알리면 다 해결되는 걸까요? 여기에도 하나 문제가 있습니다. **우리나라 말은 어휘가 매우 풍부하고, 또 그 변형과 사용법 또한 너무 자유롭다는 것입니다.** '파란색'만 봐도 '새파랗다'거나 '푸르다'거나 혹은 '푸르죽죽하다'같이 표현방법은 셀 수 없이 많습니다. 그렇다고 해서 말만 다른 것도 아닙니다. 그 안에 조금씩 뉘앙스도 다 다른데, 그걸 외국어로 표현하기가 쉽지가 않은 것이죠.

왕초보 영어로 충분해

왜 갑자기 이런 말을 하냐고요? 그러니까 제가 드리고 싶은 말씀은 이것입니다. 전문적인 번역가들도 우리말의 뉘앙스를 정확하게 살려서 말하기는 쉬운 일이 아니라는 것이지요. 더구나 우리는 문학이 아닌 '의사소통'을 하려고 하는 것입니다. **'의사소통'의 중요한 점은 내가 하고자 하는 말을 상대가 잘 알아듣고, 상대가 하는 말을 내가 잘 알아듣는 것이지요.** 결국, 언어의 번역이란 본질적으로 정확할 수 없고, 따라서 대충대충 상대가 알아들으면 그만일 수도 있는 것입니다. 반면 영어로 말해야 할 때의 우리의 자세는 다음과 같습니다.

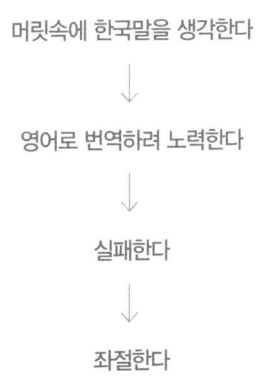

머릿속에 한국말을 생각한다
↓
영어로 번역하려 노력한다
↓
실패한다
↓
좌절한다

어떤가요? 어느 부분이 잘못됐습니까? **애초에 우리말을 그대로, 혹은 정확하게 번역하려는 시도가 잘못된 것입니다.** 왜냐하면 '애초에 불가능한 도전'이기 때문입니다. 무려 '번역가'분들에게도 말이죠. 그런 엄청난 시도를 우리는 참으로 거침없이 합니다. 그리고 곧 실망합니다.

그럼 어떻게 해야 합니까? 그냥 말이 통하게 바꿔 말하세요. 그러다 보면 때로는 원래 의도와 조금 멀어지기도 하고, 때로는 조금 거짓말을 하게 되기도 합니다. 하지만 괜찮습니다. 번역이란, 혹은 외국어로 의사소통하기란 원래 그런 것이니까요. 정도의 차이만 있을 뿐, 일류 번역가나 우리나 정확하게 번역할 수 없기는 매한가지입니다.

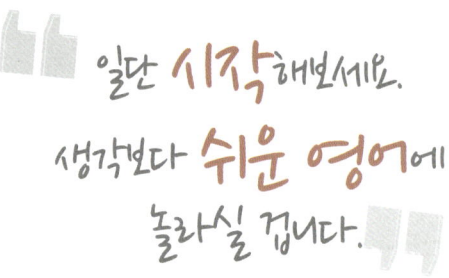
> 하고자 하는 말을 상대에게
> 전달할 방법을 터득하는 것

이 책은 물고기를 잡아주는 것이 아닌 낚시 방법을 알려주는 책입니다. 언제 쓰게 될지 모르는 단어를 모두 다 외워둘 수는 없습니다. 이미 알고 있는 것들을 최대한 활용해서 하고자 하는 말을 상대에게 전달할 방법을 터득하는 것이 중요하지요. Reject(거절하다)라는 단어를 모르신다고요? 괜찮습니다. Say no라고 바꿔 말하면 되니까요. 이 책은 그런 책입니다. 최대한 쉽게, 하지만 상황에 맞는 유용한 표현이 되도록 돌려 말하는 법을 알려드립니다.

> 일단 시작해보세요.
> 생각보다 쉬운 영어에
> 놀라실 겁니다.

이 책을 활용하는 방법
how to use

장난 아니냐고요?
이거 영어공부 맞습니다.

여기서는 우선 본문을 통해 익힐 내용을 한국어로 만나봅니다. 믿기 어려우시겠지만, 이 대화 내용이 모두 여러분의 것이 됩니다. 한국어 문장 사이에 천연덕스럽게 위치한 영어 표현은 빨간색 표시가 없다면 그냥 우리말처럼 읽힐 정도로 위화감이 없습니다. 그래서 **Step 1**의 내용을 완전히 파악하기만 해도 해당 단어의 뜻과 사용법을 자연스럽게 익힐 수 있습니다.

티격태격하는 두 친구의 대화에서 넘쳐나는 위트는 혹시나 **영어공부가 줄 수 있는 스트레스를 완벽하게 차단해주고**, 빨리 다음 내용을 알고 싶어 집중력을 높이게 되는 강력한 학습 동기를 유발합니다.

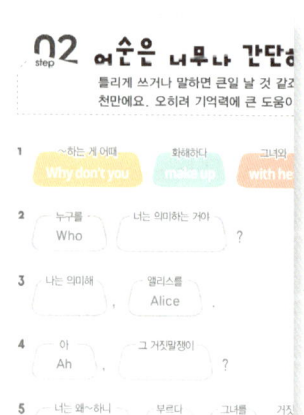

틀리는 건 좋은 거예요.
어순, 일단 채워만 보세요.

알록달록한 상자들로 나눠진 문장은 해당 단어가 어떤 의미를 가졌는지 구체적으로 알 수 있게 도와줍니다.

정확한 어순이나 문법에 구애받지 말고 의미의 순서에 따라 빈칸을 채워보세요. 틀려도 괜찮습니다. 오히려 한두 번 틀렸던 문장이 더 잘 외워질 테니까요. 나눠진 빈칸에 내용을 채우다 보면 금세 어순을 익힐 수 있습니다.

step 03 영어는 리듬과 강약이

한글은 가장 뛰어난 발음기호입니다.
큰 소리로 미친 듯이 반복해 말하세요.

- 와이 더운ㅌ 유우   메익 업   윗 허어'?
  Why don't you   make up   with her?
  ~하는 게 어때   화해하다   그녀와?

- 후우   두우 유우 미인?
  Who   do you mean?
  누구를   너는 의미하는 거야?

- 아이 미인,   앨리스.
  I mean,   Alice.
  나는 의미해   앨리스를

- 아,   대앳 ㄹ라이어'?
  Ah,   that liar?
  아,   그 거짓말쟁이?

- 와이 두우 유우   코을   허어   ㄹ라이어'?
  Why do you   call   her   liar?

발음에 자신 없다고요?
한글의 우수함을 느껴보세요.

Step 3은 앞에 적어본 문장을 확인해보는 단계입니다. 언뜻 영어가 많아 보이지만 걱정은 필요 없습니다. 세계에서 가장 과학적인 한글로 발음을 표시해두었으니까요. **큰 글씨는 강하게, 작은 글씨는 약하게 발음해보세요.** 리듬과 강약까지 살아있는 영어가 들리지 않으세요?

Step 1만 보고도 영어로 문장을 완성할 수 있을 때까지 큰 소리로 반복해서 연습해보세요. 큰 소리로 반복하면 뇌를 자극해 기억력을 높이는 데도 도움이 됩니다. 실제로 여러 번 말을 하는 경험을 통해 외국인과 마주쳤을 때 갑자기 입을 다물고 마는 것을 방지해주는 역할도 합니다. 습관적으로 입이 머리보다 먼저 반응하게 되는 것이지요.

step 04 대화는 센스와 요령이

실전 대화는 공부가 아닙니다.
실전 대화는 센스와 요령입니다.

🐱 **돌려 말하라!**

여자 친구와 다퉜던 친구에게 화해를 권하려고 합니다. '화해해라'하는지 알고 있어야겠죠. 하지만 그 표현을 모른다고 해서 이 말을 다른 식으로 돌려 표현하면 되지요. 어떻게 하느냐고요?

화해해 = 싸우지 마

Why don't you **make up** with her!
그녀와 화해하는 게 어때?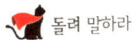
쉽게   **Stop figh**

화해하다는 말은 결국 상대방과 그만 싸우다라는 뜻이잖아요. '화해, 멈추다, 싸우다'라는 쉬운 표현으로 대체할 수 있다는 것입니다.

말문이 막힐 땐 이렇게 해보세요.
돌려서 말하기가 기술입니다.

Step 4에는 Step 3 중에서도 **중요한 문장을 뽑아 더 쉽게, 혹은 좀 더 심화해서 쓸 수 있는 표현을 소개하고 있습니다.** 이 표현이 어떻게 다른 표현으로 대체될 수 있는지, 어떤 상황에서 쓸 수 있는지 알기 쉬운 그림으로 나타냈습니다.

또한, **자세한 문법 설명부터 바로바로 응용할 수 있는 내용으로 구성되어 있으니 어려울 것은 없습니다.** 아래쪽에는 회화에서 자주 사용되는 문장이나 단어의 용법을 소개합니다. 어떤 상황에서 어떤 뉘앙스로 쓰는지까지 소개하고 있지요.

왕초보 영어로 충분해
t a b l e o f c o n t e n t s

18개의 에피소드

Episode 01

그녀와
화해하는 게 어때?
016 ~ 033

Episode 02

공짜 영화
표가 생겼어.
034 ~ 051

Episode 03

누가 잘못한 거야?
052 ~ 069

Episode 04

나 너무 외로워.
070 ~ 087

Episode 05

너 변한 것 같아.
088 ~ 105

Episode 06

너 그 소식 들었어?
106 ~ 123

Episode 07

온라인 쇼핑을
하는 중이야.
124 ~ 141

Episode 08

돈 좀 빌려
줄 수 있어?
142 ~ 159

Episode 09

나도 참 운이
없는 것 같아.
160 ~ 177

부록	영어 실력을 늘리겠다는 생각을 버려라	340 ~ 341
	대화에 빠져들면 마법처럼 영어가 기억된다	342 ~ 343
	미국을 버리면 영어가 쉬워진다	344 ~ 345
	상황에 맞는 질문을 미리 발견하라	346 ~ 347
	대화에 대화를 맡겨라	348 ~ 349
	공동의 관심사를 발견하라	350 ~ 351

Episode 10

오늘 밤에 술 마시러 갈래?

178 ~ 195

Episode 11

나는 여름이 싫어.

196 ~ 213

Episode 12

요즘 고민이 있어.

214 ~ 231

Episode 13

90년대로 돌아가고 싶어.

232 ~ 249

Episode 14

나는 그를 싫어해.

250 ~ 267

Episode 15

나 직장 그만뒀어.

268 ~ 285

Episode 16

옆집이 너무 시끄러워.

286 ~ 303

Episode 17

미안하지만, 오늘은 못 가겠어.

304 ~ 321

Episode 18

투표했어?

322 ~ 339

EPISODE 01
"그녀와 화해하는 게 어때?"

01 step 다음 대화를 목표로

대화의 내용을 완전히 파악하세요.
잠시 후 이 대화를 영어로 말할 수 있게 됩니다.

그녀와 **메익 업** 하는 게 어때?
| make up 화해하다

누구 **미인** 하는 거야?
| mean 의미하다

🙂 앨리스 말이야.

아, 그 **을라이어'** 말이야? 🙂
| liar 거짓말쟁이

🙂 걔가 왜 **을라이어'** 라는 거야?
| liar 거짓말쟁이

넌 **애니띵ᵗʰ** 도 몰라. 🙂
| anything 아무것도

🙂 무슨 일이 **해픈드** 한 거야?
| happened 발생했다

인 쇼오'트 로 말하자면, 내게 **을라이드** 했거든. 🙂
| in short 짧게 | lied 거짓말했다

🙂 흠… 너희 **이이취 아더'** 되게 좋아하잖아.
| each other 서로

018

02 어순은 너무나 간단하다.
step

틀리게 쓰거나 말하면 큰일 날 것 같죠?
천만에요. 오히려 기억력에 큰 도움이 됩니다.

1 ~하는 게 어때 / 화해하다 / 그녀와
Why don't you / make up / with her ?

2 누구를 / 너는 의미하는 거야
Who / ?

3 나는 의미해 , 앨리스를
/ Alice .

4 아 , 그 거짓말쟁이
Ah , ?

5 너는 왜 ~하니 / 부르다 / 그녀를 / 거짓말쟁이라고
Why do you / / / ?

6 넌 알아 / 0개를
You know / .

7 무엇이 / 일어났어
What / ?

8 짧게 말하자면 , 그녀는 거짓말했다 / 나에게
/ / to me .

9 흐음… / 너희들은 좋아한다 / 서로 / 매우 많이
/ You guys love / / .

Episode 01 그녀와 화해하는 게 어때? 019

03 영어는 리듬과 강약이다.
step

한글은 가장 뛰어난 발음기호입니다.
큰 소리로 미친 듯이 반복해 말하세요.

- **와이 더운ㅌ 유우** | **메익 업** | **윗 허어ʳ?**
  Why don't you | make up | with her?
  ~하는 게 어때 | 화해하다 | 그녀와?

- **후우** | **두우 유우 미인?**
  Who | do you mean?
  누구를 | 너는 의미하는 거야?

- **아이 미인,** | **앨리쓰.**
  I mean, | Alice.
  나는 의미해, | 앨리스를.

- **아,** | **대앳 을라이어ʳ?**
  Ah, | that liar?
  아, | 그 거짓말쟁이?

- **와이 두우 유우** | **코올** | **허어ʳ** | **을라이어ʳ?**
  Why do you | call | her | liar?
  너는 왜 ~하니 | 부르다 | 그녀를 | 거짓말쟁이라고?

- **유우 노우** | **나띵ᵗʰ.**
  You know | nothing.
  넌 알아 | 0개를.

- **왓** | **해픈ㄷ?**
  What | happened?
  무엇이 | 일어났어?

- **인 쇼오ʳㅌ,** | **쉬이 을라이드** | **투 미이.**
  In short, | she lied | to me.
  짧게 말하자면, | 그녀는 거짓말했다 | 나에게.

- **흐음…** | **유우 가이즈 을러브ᵛ** | **이이취 아더ʳ** | **쏘우 머취.**
  Hmm… | You guys love | each other | so much.
  흠… | 너희들은 좋아한다 | 서로 | 매우 많이.

04 step 대화는 센스와 요령이다.

실전 대화는 공부가 아닙니다.
실전 대화는 센스와 요령입니다.

🐱 돌려 말하라!

여자 친구와 다퉜던 친구에게 화해를 권하려고 합니다. '화해해'라는 표현을 어떻게 해야 하는지 알고 있어야겠군요. 하지만 그 표현을 모른다고 해서 이 말을 못 하는 것은 아닙니다. 다른 식으로 돌려 표현하면 되지요. 어떻게 하느냐고요?

화해해 = 싸우지 마

Why don't you make up with her!
그녀와 화해하는 게 어때?

 Stop fighting with her!
그녀와 그만 싸워!

화해하라는 말은 결국 상대방과 그만 싸우라는 뜻이잖아요. '화해하다'라는 어려운 표현을 '멈추다'와 '싸우다'라는 쉬운 표현으로 대체할 수 있다는 것입니다.

💬 **Stop fighting with her!**

'~하는 것을 그만해'라는 표현은 stop + 동사의 ing형을 씁니다. '~하는 게 어때'라는 뜻의 표현인 Why don't you~에 '화해하다'라는 뜻의 봉사인 make up 대신 stop fighting을 활용하여, 이렇게 말할 수도 있습니다.

· Why don't you **stop fighting** with her? 그녀와 싸움을 멈추는 게 어때?

Who do you mean?

Who do you mean?을 이렇게 표현할 수도 있습니다. Who are you talking about? 너 지금 누구에 관해 이야기하고 있는 거야?

01 다음 대화를 목표로

step

대화의 내용을 완전히 파악하세요.
잠시 후 이 대화를 영어로 말할 수 있게 됩니다.

그건 단지 **더 패스트** 일 뿐이야.
| the past 과거

 무슨 일인지 **텔 미이** 해봐.
| tell me 나에게 말하다

좋아. **을래스트 위이크** 에 있었던 일이야.
| last week 지난주

프f롸이데이 나이트 이었어.
| Friday night 금요일 밤

난 클럽에 **웬트** 했었지.
| went 갔다

 계속해봐.

그녀는 **아더r 가이즈** 와 어울리고 있었지 뭐야!
| other guys 다른 남자들

 정말이야?

그렇다니까! 내가 **클리얼리** 하게 봤어.
| clearly 똑똑히

022

02 어순은 너무나 간단하다.
step

틀리게 쓰거나 말하면 큰일 날 것 같죠?
천만에요. 오히려 기억력에 큰 도움이 됩니다.

1. 이것은 단지 / 과거야
   It is just / the past .

2. 나에게 말해줘 / 너의 이야기를
   / your story .

3. 좋아 / 이것은 지난주였어
   Okay . / .

4. 이것은 금요일 밤이었어
   .

5. 나는 갔다 / 클럽에
   / to club .

6. 나는 듣고 있어
   .

7. 그녀는 함께였어 / 다른 남자들과
   She was with / !

8. 정말
   ?

9. 그래! 내가 그거 봤어 / 똑똑히
   / clearly .

Episode 01 그녀와 화해하는 게 어때? 023

03 영어는 리듬과 강약이다.
step

한글은 가장 뛰어난 발음기호입니다.
큰 소리로 미친 듯이 반복해 말하세요.

- **잇 이즈 저스트 | 더 패스트.**
  It is just | the past.
  이것은 단지 | 과거야.

- **텔 미이 | 유어ʳ ㅅ토어뤼.**
  Tell me | your story.
  나에게 말해줘 | 너의 이야기를.

- **오우케이. | 잇 워어즈 을래스트 위이크.**
  Okay. | It was last week.
  좋아. | 이것은 저번 주였어.

  잇 워어즈 어 프ʳ롸이데이 나이트.
  It was a Friday night.
  이것은 금요일 밤이었어.

  아이 웬트 | 투 클럽.
  I went | to club.
  나는 갔다 | 클럽에.

- **아이앰 을리쓰닝.**
  I'm listening.
  나는 듣고 있어.

- **쉬이 워어즈 윗 | 아더ʳ 가이즈!**
  She was with | other guys!
  그녀는 함께였어 | 다른 남자들과!

- **뤼얼리?**
  Really?
  정말?

- **예쓰! 아이 쏘우 잇 | 클리얼리.**
  Yes! I saw it | clearly.
  그래! 내가 그거 봤어 | 똑똑히.

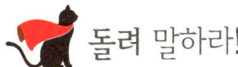 대화는 센스와 요령이다.

실전 대화는 공부가 아닙니다.
실전 대화는 센스와 요령입니다.

🐱 돌려 말하라!

'어울리다'라는 말은 영어로 어떻게 표현해야 할까요. 사실 '함께 어울려 시간을 보내다'라는 뜻을 가리키는 특정한 표현이 있습니다. 하지만 그것은 잠시 후에 배워보도록 하고, 일단은 가장 쉬운 단어로 말하려면 어떻게 할지 고민해 볼까요.

어울리다 = 함께 어울려 시간을 보내다

She was with other guys!

그녀가 다른 남자들과 어울리고 있었지 뭐야.

 **She was hanging out with another guys!**

그녀가 다른 남자들과 함께 있었지 뭐야!

이렇게 말하면 훨씬 간단하겠죠? She was with another guys! '~와 함께 어울리다'라는 뜻의 표현은 hang out with~입니다. 이 표현을 사용해 말하면 이렇게 되겠죠. She was hanging out with another guys!

She was hanging out with another guys!

Hang out with는 '~와 같이 놀다'라는 뜻입니다. 그런데 '놀다'라는 것을 보고 play를 쓰면 듣는 사람이 웃을 수도 있습니다. Play는 아주 어린 아이들이 주로 쓰는 표현으로 어른이 쓰기에는 유치하게 들리기 때문이지요. 꼭 어른뿐만이 아니라 청소년만 되어도 hang out을 쓰는 것이 일반적입니다.

Guys

보통 guy라고 하면 '남자'를 지칭하는 단어라고 알고 있습니다. 하지만 이 단어가 '녀석' 혹은 '사람'이라는 뜻으로 쓰일 때는, 꼭 남자만을 가리키는 것이 아닙니다. guys라는 복수형태로 쓰여서 '사람들' 즉 집단을 나타낼 수도 있죠. 그러므로 여성이 속하거나, 여성으로만 이루어진 무리를 가리켜서도 guys라고 말할 수 있는 것입니다.

Episode 01 그녀와 화해하는 게 어때? 025

01 다음 대화를 목표로
step

대화의 내용을 완전히 파악하세요.
잠시 후 이 대화를 영어로 말할 수 있게 됩니다.

그래서 **왓** 을 했어?
| what 무엇

애니띵ᵗʰ 도 하지 못했어.
| anything 아무것도

왜? **쌰악** 을 받아서?
| shock 충격

그건 아니야.

비커어즈… **호움** 에 있다고 그녀에게 **토울드** 했었거든.
| because 왜냐하면 | home 집 | told 말했다

그녀에게 **어 을라이** 를 말했다고 **미인** 하는 거야?
| a lie 거짓말 | mean 의미하다

뭐 그렇게 **쎄이** 할 수도 있겠지.
| say 말하다

클럽에 **고우** 하려고?
| go 가다

그게 **포인트** 는 아니잖아!
| point 중요한 것

02 어순은 너무나 간단하다.
step

틀리게 쓰거나 말하면 큰일 날 것 같죠?
천만에요. 오히려 기억력에 큰 도움이 됩니다.

1 그래서 / 넌 뭐했어?
So / what did you do ?

2 나는 할 수 있었어 / 0을
/ nothing .

3 왜 / 충격 때문에
Why ? / ?

4 그건 아니다
.

5 왜냐하면 / 나는 말했다 / 그녀에게 / 나는 집에 있었다고
... / / / I was at home .

6 너는 의미하다 / 네가 그녀에게 말했다고 / 거짓말을
You mean / / ?

7 너는 말할 수 있다 / 그렇게
/ that .

8 가기 위해서 / 클럽에
To go / ?

9 이것은 아니다 / 요점이
It's not / !

Episode 01 그녀와 화해하는 게 어때? 027

step 03 영어는 리듬과 강약이다.

한글은 가장 뛰어난 발음기호입니다.
큰 소리로 미친 듯이 반복해 말하세요.

- **쏘우 | 왓 디드 유우 두우?**
  So | what did you do?
  그래서 | 넌 뭐 했어?

- **아이 쿠드 두우 | 나띵th.**
  I could do | nothing.
  나는 할 수 있었어 | 0을.

- **와이? | 비커어즈 어브v 어 쑈악?**
  Why? | Because of a shock?
  왜? | 충격 때문에?

- **이츠 나아트.**
  It's not.
  그건 아니다.

  비커어즈… | 아이 토울드 | 허어r | 아이 워어즈 엣 호움.
  Because… | I told | her | I was at home.
  왜냐하면… | 나는 말했다 | 그녀에게 | 나는 집에 있었다고.

- **유우 미인 | 유우 토울드 허어r | 어 을라이?**
  You mean | you told her | a lie?
  니는 의미하다 | 네가 그녀에게 말했다고 | 거짓말을?

- **유우 캔 쎄이 | 댙트.**
  You can say | that.
  너는 말할 수 있다 | 그렇게.

- **투 고우 | 투 클럽?**
  To go | to club?
  가기 위해서 | 클럽에?

- **이츠 나앗 | 더 포인트!**
  It's not | the point!
  이것은 아니다 | 요점이!

04 대화는 센스와 요령이다.
step

실전 대화는 공부가 아닙니다.
실전 대화는 센스와 요령입니다.

 강하게 말해보자!

'그렇게 말할 수 있지'라는 말은 상대방의 말을 수긍할 때 쓰는 표현입니다. 다르게 말하자면 동의를 나타내는 표현이지요. 상대의 말이 어떨 때 동의하는 표현을 쓰는지 생각해보면 이렇게도 말할 수 있습니다.

동의

You can say that. **You are right.**
네 말대로야. 쉽게 네가 맞아.

You can say that.

결국 '그렇게 말해도 된다'라는 말은 '네 말이 맞다'라는 동의의 표현입니다. 좀 더 자연스럽게 말하자면 '네 말대로야'라는 의미가 되지요. 상대가 정말 마음에 드는 말을 해 주었을 땐 You can say that again.이라고 말합니다. '그 말은 한 번 더 해도 되겠어'라는 의미로 말이죠.

So what did you do?

이 표현 역시, 그냥 짧게 So what?이라고 줄여 말하더라도 상관없습니다. 우리말로 하자면 '그래서?' 정도의 느낌이라고나 할까요. 실제 대화에서는 그렇게 짧게 줄여 말하는 경우가 더 많겠지요. 훨씬 더 편하니까요.

01 다음 대화를 목표로
step

> 대화의 내용을 완전히 파악하세요.
> 잠시 후 이 대화를 영어로 말할 수 있게 됩니다.

🧑 아냐, 그게 **포인트** 이지.
| point 핵심

🧑 너도 그녀를 **치이티드** 한 거잖아.
| cheated 속였다

넌 도대체 누구 **싸이드** 이야!
| side 편

🧑 난 **애니바디스 싸이드** 도 아니야.
| anybody's side 누구의 편

🧑 말은 **롸이트** 하게 해야지.
| right 바른

아무도 **트뤄스트** 못하겠다.
| trust 믿다

02 어순은 너무나 간단하다.
step

틀리게 쓰거나 말하면 큰일 날 것 같죠?
천만에요. 오히려 기억력에 큰 도움이 됩니다.

1. (긍정문) 아냐, 그것이 / 요점이다
   Yes, that's / the point .

2. 너는 또한 / 속였다 / 그녀를
   You also / / .

3. 누구의 편에 / 너는 ~에 있니
   / are you on !

4. 나는 ~에 있다 / 0명의 편에
   / nobody's side .

5. 이것을 말하자 / 바르게
   / right .

6. 나는 믿을 수 없다 / 누구도
   / .

step 03 영어는 리듬과 강약이다.

한글은 가장 뛰어난 발음기호입니다.
큰 소리로 미친 듯이 반복해 말하세요.

- **예쓰, 댓츠** | **더 포인트.**
  Yes, that's | the point.
  (긍정문) 아냐, 그것이 | 요점이다.

  유우 어얼쏘우 | **치이티드** | **허어ʳ.**
  You also | cheated | her.
  너는 또한 | 속였다 | 그녀를.

- **후우즈 싸이드** | **아ʳ 유우 어언!**
  Whose side | are you on!
  누구의 편에 | 너는 ~에 있니!

- **아이앰 어언** | **노우바디스 싸이드.**
  I'm on | nobody's side.
  나는 ~에 있다 | 0명의 편에.

  을렛츠 쎄이 잇 | **롸이트.**
  Let's say it | right.
  이것을 말하자 | 바르게.

- **아이 캐엔트 트뤄스트** | **애니원.**
  I can't trust | anyone.
  나는 믿을 수 없다 | 누구도.

04 대화는 센스와 요령이다.
step

실전 대화는 공부가 아닙니다.
실전 대화는 센스와 요령입니다.

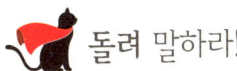 돌려 말하라!

믿었던 사람이 내 편을 들어주지 않을 때면 이렇게 말하고는 합니다. '세상에 믿을 사람 하나도 없다니까' 의미 그대로 영어로 옮기면 이런 표현이 됩니다. **There is no one I can trust!** 하지만 이대로 사용하기엔 조금 복잡하지요. 비슷한 의미가 담긴 다른 표현으로 조금 바꾸어 볼까요.

믿을 사람 하나도 없어 = 누구도 못 믿겠다

There is no one I can trust!

세상에 믿을 사람 하나도 없다니까!

 쉽게

I can't trust anyone.

난 누구도 못 믿겠다.

'난 누구도 못 믿겠어!'라고 말하면 문장이 조금 더 쉽고 간단해질 것 같습니다.

There is no one I can trust!

여기서 주의하실 점은 can의 형태입니다. '누구도'라는 뜻의 anyone과 쓰일 때는 부정을 만들기 위해 cannot으로 쓰이지만, no one은 이미 '아무도 ~않다'라는 부정의 뜻을 갖고 있기 때문에 긍정형인 can이 와야 합니다.

- I can trust no one. 믿을 수 있다, 0명을
- I cannot trust anyone. 믿을 수 없다, 누구도

Side

어느 한쪽을 가리켜 side라는 단어를 사용해 표현하고는 합니다. 어떤 논쟁이나 싸움에서 '이쪽 편'과 '저쪽 편'을 나눌 때도 마찬가지로 'side'라고 하면 됩니다. Your side라고 하면 '네 편'이라는 뜻이겠지요.

Let's see의 세 가지 의미

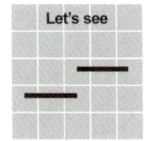

Let's see ❶
보여줘 봐
무엇인가를 '보여달라'고 상대방에게 부탁할 때.

상황 친구가 무엇인가를 들고 왔다. 당신은 그것이 무엇인지 궁금하다.

"네가 가지고 온 것 좀 보여줘 봐."

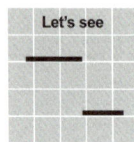

Let's see… ❷
어디 보자…
무엇인가에 대해 '생각할 시간'이 필요할 때.

상황 여자친구의 생일선물을 고르며 그녀가 좋아할지 곰곰이 생각하는 중이다.

"그녀가 이걸 좋아할까? 어디 보자…."

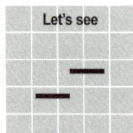

Let's see ❸
봐 보자
무엇인가에 대한 '답을 찾아보자'고 제안할 때.

상황 무엇인가를 해결하기 위해 친구들과 생각을 하는 중이다. 당장은 방법이 없다. 조금 더 지켜봐야 할 것 같다.

"상황을 봐 보자."

EPISODE 02
"공짜 영화 표가 생겼어."

01 step 다음 대화를 목표로

대화의 내용을 완전히 파악하세요.
잠시 후 이 대화를 영어로 말할 수 있게 됩니다.

터마아뤄우 밤에 **프^f뤼이** 해?
| tomorrow 내일 | free 한가한

메이비. 왜?
| maybe 아마도

 프^f뤼이 영화 **티킷츠** 가 있거든.
| free 공짜 | tickets 표들

 나랑 같이 가자.

좋네!

왓 영화야?
| what 무슨

 아무거나 **츄우즈** 할 수 있는 티켓이야.
| choose 고르다

웰, 인터넷에서 **썸** 영화들을 **쓰어^r취** 해보자.
| well 글쎄 | some 몇 개의 | search 찾다

봐, 이 **무우비^v** 재밌어 보이는데.
| movie 영화

02 어순은 너무나 간단하다.
step

틀리게 쓰거나 말하면 큰일 날 것 같죠?
천만에요. 오히려 기억력에 큰 도움이 됩니다.

1 너는 한가하니 / 내일 밤에
Are you free / tomorrow night ?

2 아마도 . / 왜 Why ?

3 나는 가지고 있다 / 공짜 / 영화 표들을 movie tickets .

4 가자 Let's go / 나와 함께 .

5 좋네 !

6 무슨 영화야 ?

7 우리는 ~ 할 수 있다 We can / 고르다 / 아무거나 .

8 글쎄, 검색해보자 Well, let's search / 몇 개의 영화들을 / 인터넷에서 .

9 봐, 이 영화 Look, this movie / 좋게 보인다 .

Episode 02 공짜 영화 표가 생겼어. 037

step 03 영어는 리듬과 강약이다.

한글은 가장 뛰어난 발음기호입니다.
큰 소리로 미친 듯이 반복해 말하세요.

- **아ʳ 유우 프ᶠ뤼이 │ 터마아뤄우 나잇?**
  Are you free │ tomorrow night?
  너는 한가하니 │ 내일 밤에?

- **메이비. │ 와이?**
  Maybe. │ Why?
  아마도. │ 왜?

- **아이 해브ᵛ │ 프ᶠ뤼이 │ 무우비ᵛ 티킷츠.**
  I have │ free │ movie tickets.
  나는 가지고 있다 │ 공짜 │ 영화 표들을.

  을렛츠 고우 │ 윗 미이.
  Let's go │ with me.
  가자 │ 나와 함께.

- **댓츠 구드!**
  That's good!
  좋네!

  왓 무우비ᵛ?
  What movie?
  무슨 영화야?

- **위이 캔 │ 츄우즈 │ 애니띵ᵗʰ.**
  We can │ choose │ anything.
  우리는 ~할 수 있다 │ 고르다 │ 아무거나.

- **웰, 을렛츠 쓰어ʳ취ᶠ │ 썸 무우비ᵛ스 │ 어언 디 인터ʳ네트.**
  Well, let's search │ some movies │ on the internet.
  글쎄, 검색해보자 │ 몇 개의 영화들을 │ 인터넷에서.

  을루크, 디쓰 무우비ᵛ │ 을룩쓰 구드.
  Look, this movie │ looks good.
  봐, 이 영화 │ 좋게 보인다.

04 대화는 센스와 요령이다.
step

실전 대화는 공부가 아닙니다.
실전 대화는 센스와 요령입니다.

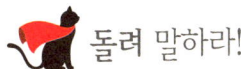 돌려 말하라!

약속을 잡기 위해서는 우선 상대의 일정부터 알아봐야겠지요? 이번에 나올 표현은 '내일 밤에 자유롭니?'가 아닌 '내일 밤에 한가하니?'라고 시간이 있는지 물어보는 표현입니다.

내일 밤에 한가해? = 내일 밤에 시간 있어?

Are you free tomorrow night?
너 내일 밤에 한가해?

심화 → **Do you have time tomorrow night?**
너 내일 밤에 시간 있어?

우리말의 '시간 있어?'라는 표현이 그대로 영어로도 사용되는 경우입니다.
하지만 같은 의미의 Are you free?라는 표현이 워낙 편하고 또 자주 쓰이죠.

Are you free tomorrow night?

Free는 여러 가지 뜻을 가진 단어입니다. 가장 익숙한 뜻인 '**자유로운**' 외에도 '**한가한, 공짜의**'라는 의미가 있습니다. 그래서 free time이라고 하면 한가한 시간, 여가시간이 되고 free ticket은 '공짜 티켓'이라는 표현이 되는 것이지요.

What

What은 의문사로 '무엇'이라는 뜻을 가지고 있습니다. 명사 앞에 오면 '어떤~'라는 표현이 되지요.
무엇, 어떤 = What   어떤 영화 = What movie

01 다음 대화를 목표로

step

대화의 내용을 완전히 파악하세요.
잠시 후 이 대화를 영어로 말할 수 있게 됩니다.

- 와우, 레오나르도 디카프리오!

- 나는 이 **액터ʳ** 를 좋아해!
  | actor 배우

- **에브ᵛ뤼바디** 가 그를 좋아하지.
  | everybody 모두

- 그는 **그뤠이트** 하다고.
  | great 굉장한

- 맞아. 연기를 **크뤠이지 퍼어ʳ쓴** 처럼.
  | crazy person 미친 사람

- 게다가, 그는 **핸썸** 해.
  | handsome 잘생긴

- 난 그의 **무우비ᵛ스** 다 **와아취드** 했어.
  | movies 영화들 | watched 보았다

- 그의 **퍼ᶠ어ʳ스트 무우비ᵛ** 가 뭐였지?
  | first movie 첫 영화

- **메이비** 타이타닉일걸.
  | maybe 아마도

02 어순은 너무나 간단하다.

step

틀리게 쓰거나 말하면 큰일 날 것 같죠?
천만에요. 오히려 기억력에 큰 도움이 됩니다.

1 와우, 레오나르도 디카프리오!
Wow, Leonardo Dicaprio !

2 나는 좋아한다 / 이 배우를
I like !

3 모두가 좋아한다 / 그를
him .

4 그는 굉장하다고

5 맞아. 그는 연기한다 / ~처럼 / 미친 사람
Right. He acts .

6 게다가, 그는 잘생겼어
Moreover, .

7 나는 보았다 / 모든 그의 영화를
I watched .

8 무엇이 / 그의 첫 영화였지
What was ?

9 타이타닉, 아마도
Titanic, .

Episode 02 공짜 영화 표가 생겼어 041

03 영어는 리듬과 강약이다.

step

한글은 가장 뛰어난 발음기호입니다.
큰 소리로 미친 듯이 반복해 말하세요.

- **와우, 을리오나「도우 디캐프뤼오!**
  Wow, Leonardo Dicaprio!
  와우, 레오나르도 디카프리오!

아이 을라익	**디쓰 액터「!**
I like	this actor!
나는 좋아한다	이 배우를.

에브ⱽ뤼바디 을라익쓰	**힘.**
Everybody likes	him.
모두가 좋아한다	그를.

  히이 이즈 그뤠이트.
  He is great.
  그는 굉장하다고.

롸이트. 히이 액츠	**을라익**	**어 크뤠이지 퍼어「쓴.**
Right. He acts	like	a crazy person.
맞아. 그는 연기한다	~처럼	미친 사람.

- **모어「오우버「, 히이 이즈 핸썸.**
  Moreover, he is handsome.
  게다가, 그는 잘 생겼어.

아이 와아취드	**어얼 히즈 무우비ⱽ스.**
I watched	all his movies.
나는 보았다	모든 그의 영화를.

왓 워어즈	**히즈 퍼「어「스트 무우비ⱽ?**
What was	his first movie?
무엇이	그의 첫 영화였지?

- **타이태니크, 메이비.**
  Titanic, maybe.
  타이타닉, 아마도.

04 대화는 센스와 요령이다.
step

실전 대화는 공부가 아닙니다.
실전 대화는 센스와 요령입니다.

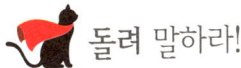
돌려 말하라!

위의 상황을 조금 더 풀어 설명하자면, 과거의 언젠가부터 그의 영화를 보기 시작했고 현재 시점에서는 그가 출연했던 영화는 다 보고 난 상태라는 것이지요. 이처럼 과거에서 시작된 어떤 일이 지금은 끝난 상황일 때는 현재완료형 시제를 사용합니다. 이렇게요.

과거 시제 = 현재완료 시제

🗨 **I watched** all of his movies.

나는 그의 모든 영화들을 봤었어.

심화 → **I have watched** all of his movies.

나는 그의 모든 영화를 다 봤어.

하지만 대부분의 경우 '현재완료 시제'는 '과거 시제'로 대체해도 의미가 어긋나지 않습니다. 그냥 I watched all of his movies.라고만 해도 틀리지는 않는 것이지요.

🗨 **I watched all of his movies.**

일반적으로 움직이거나 어떤 사물을 유심히 볼 때는 see가 아닌 watch를 사용합니다. 영화의 경우 움직이는 화면을 유심히 보기까지 하니 watch와는 찰떡궁합이라고 할 수 있겠습니다. 앞서 말했듯이, 과거에서부터 지금까지 그의 영화를 봐온 것이기 때문에 현재완료 시제인 **I have watched all of his movie**를 쓰면 보다 자연스러운 문장이 될 수 있습니다.

Titanic, maybe.

Maybe는 확실하지 않은 일을 말할 때 사용되는 표현입니다. '아마, 어쩌면'이라는 뜻을 가지고 있지요. 혹은 질문이나 제안에 '글쎄…' 하고 모호하게 대답할 때도 쓸 수 있습니다.

01 다음 대화를 목표로
step

대화의 내용을 완전히 파악하세요.
잠시 후 이 대화를 영어로 말할 수 있게 됩니다.

아, 그 **무우비ᵛ 그뤠이트** 했는데.
| movie 영화　| great 굉장한

 봐, 팀 버튼의 **뉴우 무우비ᵛ** 도 개봉했어.
| new movie 새 영화

그를 좋아해?

 응. **쓰인스** 배트맨.
| since ~이후로

 너는?

나는 그의 **무우비ᵛ** 들을 **더운트 올라익** 해.
| movie 영화　　| don't like 좋아하지 않다

 왜?

그의 **무우비ᵛ**들은 마치 **페f어뤼 테이일즈** 같아 보여.
| movie 영화　　　| fairy tales 동화들

 하지만, 그 속에 **다악r 싸이드** 가 있지.
| dark side 어두운 면

044

02 어순은 너무나 간단하다.

틀리게 쓰거나 말하면 큰일 날 것 같죠?
천만에요. 오히려 기억력에 큰 도움이 됩니다.

1 아, 그 영화는 굉장했어.
Ah, that movie was great.

2 봐, ~가 있어 / 팀 버튼의 새 영화
Tim Burton's new movie.

3 너는 좋아하니 / 그를
him?

4 응, 배트맨 이후로
Yes, .

5 언제 너는
?

6 난 좋아하지 않아 / 그의 영화들을
his movies.

7 왜
?

8 그의 영화들은 / ~처럼 보인다 / 동화들
His movies.

9 하지만 / 이것은 가지고 있다 / (하나의) 어두운 면을
But, .

Episode 02 공짜 영화 표가 생겼어. 045

step 03 영어는 리듬과 강약이다.

한글은 가장 뛰어난 발음기호입니다.
큰 소리로 미친 듯이 반복해 말하세요.

- **아, 대앳 무우비ᵛ 워어ㅈ 그뤠ㅔ이트.**
  Ah, that movie was great.
  아, 그 영화는 굉장했어.

- **을루크, 데어ʳ 이ㅈ | 팀 버ʳ튼ㅅ 뉴우 무우비ᵛ.**
  Look, There is | Tim Burton's new movie.
  봐, ~가 있어 | 팀 버튼의 새 영화.

- **두우 유우 을라익 | 힘?**
  Do you like | him?
  너는 좋아하니 | 그를?

- **예ㅆ. ㅆ인ㅅ 뱃맨.**
  Yes. Since Batman.
  응. 배트맨 이후로.

  하우 어바웃 유우?
  How about you?
  어때 너는?

- **아이 더운트 을라익 | 히ㅈ 무우비ᵛㅅ.**
  I don't like | his movies.
  난 좋아하지 않아 | 그의 영화들을.

- **와이?**
  Why?
  왜?

- **히ㅈ 무우비ᵛㅅ | 을루욱 을라익 | 페ʳ어뤼 테이일ㅈ.**
  His movies | look like | fairy tales.
  그의 영화들은 | ~처럼 보인다 | 동화들.

- **버트, | 잇 해ㅈ | 어 다ㄱʳ 싸이드.**
  But, | it has | a dark side.
  하지만, | 이것은 가지고 있다 | (하나의) 어두운 면을.

04 step 대화는 센스와 요령이다.

실전 대화는 공부가 아닙니다.
실전 대화는 센스와 요령입니다.

 뜻은 충분히 통한다!

동화 같아서 보기 싫다는 말을 조금 바꿔볼까요? 구체적으로 말하기 어렵다면 뭉뚱그려서 '지루할 것 같아'라고 말할 수도 있겠죠.

동화같아 보인다 = 지루해 보인다

His movies look like fairy tales.
그의 영화는 동화처럼 보인다.

쉽게 → **His movies look boring.**
그의 영화는 지루해 보인다.

사실 동화 같다는 게 다 지루하다고는 할 수 없습니다. 여기서는 좋아하지 않는 이유로 썼기 때문에 boring이 대체될 수 있는 것이지요.

🗨 **His movies look boring.**

Look like는 '~처럼'이라는 뜻이 되는 like가 있으므로 '~처럼 보인다'라는 뜻이 됩니다. 그런데 like가 없어도 look 다음에 형용사가 오면 '~하게 보인다'라는 표현이 될 수 있습니다. 그래서 '지루한'이라는 형용사 boring이 와서 '지루하게 보인다'라는 표현을 완성한 것이지요. 한가지 유의할 점은 부사처럼 해석은 되지만 부사가 아닌 형용사가 사용된다는 것입니다.

Look, There is Tim Burton's new film.

무엇인가를 함께 보고 있는 것이니 이렇게만 말해도 됩니다. '여기에 이런 것도 있어'라고요. 하지만 제대로 표현하려면, '팀 버튼의 새 영화도 개봉했다'라고 해야겠지요.

Tim Burton's new film is also released.

01 step 다음 대화를 목표로

대화의 내용을 완전히 파악하세요.
잠시 후 이 대화를 영어로 말할 수 있게 됩니다.

난 그런 **글루우미 무우비ᵛ스** 는 싫어.
| gloomy movies 우울한 영화

그러면 레오의 **무우비ᵛ**를 **쓰이** 하자.
| movie 영화 | see 보다

좋아.

디너ʳ 은 내가 **바이** 할게!
| dinner 저녁 | buy 사다

우리 뭐 **이잇** 하지?
| eat 먹다

햄버거 어때?

좋아. **오우버ᵛ/ʳ 데어ʳ** 에 맥도날드가 있어!
| over there 저기에

02 어순은 너무나 간단하다.
step

틀리게 쓰거나 말하면 큰일 날 것 같죠?
천만에요. 오히려 기억력에 큰 도움이 됩니다.

---

1 나는 좋아하지 않아 / 우울한 영화 / 그런 것 같은
I don't like / gloomy movies / like that .

2 보자 / 레오의 영화를, 그러면
Let's see / _____ .

3 좋아
_____ .

4 나는 살 것이다 / 저녁을
_____ / dinner !

5 무엇 / 우리 ~할까 / 먹다
_____ / _____ / eat ?

6 ~어때 / 햄버거
_____ / hamburgers ?

7 좋아. 맥도날드가 있다 / 저기에
Good. There is McDonald's / _____ !

Episode 02 공짜 영화 표가 생겼어 049

step 03 영어는 리듬과 강약이다.

한글은 가장 뛰어난 발음기호입니다.
큰 소리로 미친 듯이 반복해 말하세요.

아이 더운트 을라익	**글루우미 무우비ᵛ스**	**을라익 대트.**
I don't like	gloomy movies	like that.
나는 좋아하지 않아	우울한 영화	그런 것 같은.

을렛츠 쓰이	**어 을리이오스 무우비ᵛ, 덴.**
Let's see	a Leo's movie, then.
보자	레오의 영화를, 그러면.

- **오우케이.**
  Okay.
  좋아.

아이 윌 바이	**디너ʳ!**
I will buy	dinner!
나는 살 것이다	저녁을!

왓	**슈드위이**	**이잇?**
What	should we	eat?
무엇	우리 ~할까	먹다?

하우 어바웃	**햄버ʳ어거ʳ스?**
How about	hamburgers?
~어때	햄버기?

구드. 데어ʳ 이즈 맥도날드	**오우버ᵛ/ʳ 데어ʳ!**
Good. There is McDonald's	over there!
좋아. 맥도날드가 있다	저기에!

04 대화는 센스와 요령이다.
<small>step</small>

실전 대화는 공부가 아닙니다.
실전 대화는 센스와 요령입니다.

 직접적으로 말하자!

의문사에 Should까지 나와서 어렵게 느껴진다면 쉽게 바꿔볼까요? '뭐 좋아해?'

우리 뭐 먹을까? = 뭐 좋아해?

What should we eat?
우리 뭐 먹을까?

 쉽게 → **What do you like?**
뭐 좋아해?

우리 뭐 먹을까 묻는 것도 결국 상대방의 의견을 묻는 것이잖아요.
조금 더 직접적으로 뭘 좋아하는지 물어봐도 문제는 없습니다.

🟥 **What do you like?**

우리가 잘 아는 육하원칙에 해당하는 의문사를 영어로는 5W1H라고 합니다.
5개의 W와 1개의 H가 있다는 뜻이지요.

When	언제	· When do you like?	언제가 좋아?
Where	어디	· Where do you like?	어디가 좋아?
Who	누가	· Who do you like?	누가 좋아?
What	무엇을	· What do you like?	무엇이 좋아?
Why	왜	· Why do you like?	왜 좋아?
How	어떻게	· How do you like?	어떻게 좋아?

Gloomy

우울한 영화에서 gloomy를 대체할 수 있는 표현들로는 dark '어두운', sad '슬픈', pessimistic '비관적인', melancholy '구슬픈'이 있습니다.

Hello의 네 가지 의미

Hello ❶
안녕
인사말로 쓰임.

상황 이른 아침, 침대에서 일어났더니 바로 옆에 고양이가 앉아 있다.
"안녕, 요다."

Hello ❷
저기
누군가의 관심을 끌 때.

상황 무엇인가를 설명하기 전, '사람들의 주의를 환기'하려 한다.
"저기, 여길 좀 봐."

Hello ❸
여보세요
전화통화를 시작할 때.

상황 남자친구와 통화를 하기 위해, 그가 일하는 회사에 전화를 걸었다.
마침 누군가가 '전화를 받는다.'
"여보세요, 맥하고 통화할 수 있을까요?"

Hello ❹
정신 차려
비꼼이나 분노를 표현할 때.

상황 영화를 보고 싶다는 여자친구의 말에 함께 영화관에 갔다.
하지만 그녀는 짜증이 나게도 영화를 보는 내내 졸기만 한다.
"정신 차려, 너 이 영화가 어떤 이야기인 줄은 알겠니?"

EPISODE 03
"누가 잘못한 거야?"

01 다음 대화를 목표로
step

대화의 내용을 완전히 파악하세요.
잠시 후 이 대화를 영어로 말할 수 있게 됩니다.

봐, 팔레스타인에서 **워어**ʳ 가 **비긴즈** 했어.
| war 전쟁 | begins 시작하다

알고 있었어.

 파^{이브}ᵛ 헌드뤠드 피이쁠 도 넘게 **다이드** 했대.
| five hundred 500 | people 사람 | died 죽었다

슬픈 일이야.

 저 사건에 대해 **노우** 하는 게 있어?
| know 알다

조금은.

 누가 **뤄엉** 한 거야?
| wrong 잘못한

 이스라엘이야 팔레스타인이야?

내 생각엔, 이스라엘 사람들이 **뤄엉** 했지.
| wrong 잘못한

02 어순은 너무나 간단하다.
step

틀리게 쓰거나 말하면 큰일 날 것 같죠?
천만에요. 오히려 기억력에 큰 도움이 됩니다.

1 봐, 전쟁이 시작됐다 / 팔레스타인에서
Look, a war begins / at Palestine.

2 알고 있었어

3 500이 넘는 / 사람이 / 죽었다
More than 500

4 이것은 슬프다

5 너는 아니 / 저것에 대해
Do you know ?

6 조금은

7 어느 쪽이 / 잘못한 거야
wrong ?

8 이스라엘이야 팔레스타인이야
Israel or Palestine ?

9 나는 생각해, 이스라엘 사람들이 / 잘못한 거라고
I think, Israelites are

Episode 03 누가 잘못한 거야?

03 step 영어는 리듬과 강약이다.

한글은 가장 뛰어난 발음기호입니다.
큰 소리로 미친 듯이 반복해 말하세요.

- **을루크, 어 워어ʳ 비긴즈 | 엣 팔레스따인.**
  Look, a war begins | at Palestine.
  봐, 전쟁이 시작됐다 | 팔레스타인에서.

- **아이 뉴우 이트.**
  I knew it.
  알고 있었어.

- **모어ʳ 댄 파ᶠ이브ᵛ 헌드뤠드 | 피이쁠 | 다이드.**
  More than 500 | people | died.
  500이 넘는 | 사람이 | 죽었다.

- **이츠 쌔드.**
  It's sad.
  이것은 슬프다.

- **두우 유우 노우 | 어바웃 대앳?**
  Do you know | about that?
  너는 아니 | 저것에 대해?

- **어 을리틀.**
  A little.
  조금은.

- **위취 싸이드 이즈 | 뤙엉?**
  Which side is | wrong?
  어느 쪽이 | 잘못한 거야?

  이즈뤼얼 오어ʳ 팔레스따인?
  Israel or Palestine?
  이스라엘이야 팔레스타인이야?

- **아이 띵ᵗʰ크, 이즈뤠얼라이츠 아ʳ | 더 뤙엉 싸이드.**
  I think, Israelites are | the wrong side.
  나는 생각해, 이스라엘 사람들이 | 잘못한 거라고.

04 대화는 센스와 요령이다.
step

실전 대화는 공부가 아닙니다.
실전 대화는 센스와 요령입니다.

 멋지게 말해보자!

어떤 슬픈 일을 가리켜 흔히 '비극적이다'라는 표현을 쓰고는 합니다. 우리말로 대화할 때야 그런 단어를 자연스럽게 사용할 수 있겠지만, 영어로 말하려면 바로 생각해내기 어려울 수 있는 단어이지요.

슬픈 = 비극적인 일

It's **sad**.  It's a **tragedy**.
슬프다.   심화   비극적인 일이야.

훨씬 더 쉽게 표현할 말이 있는데 굳이 어려운 말을 기억해내려 애쓸 필요는 없습니다. 하지만 좀 멋있게 말하고 싶을 때 쓸 수 있는 표현 몇 가지 정도는 알아두면 유용합니다.

Which side is wrong?

Which는 What과 비슷한 표현입니다. 둘 다 '어느 것'인지를 묻는 의문사죠. 하지만 Which는 보기 중 하나를 고를 때 사용합니다. What이 주관식이라면 Which는 객관식인 셈이죠. 이 대화에서는 양측이 싸우고 있으므로 둘 중 하나의 편을 고르기 위해 Which를 사용했습니다.

More than ~

More than~은 '~보다 많이'라는 뜻의 표현입니다. 주로 어떤 것의 수나 양에 대해 말할 때 쓰이지요. 가령 more than one year라고 하면, '일 년 이상'이라는 뜻이 되고요.

More than 500 people 500명 이상
More than one year 일 년 이상

01 다음 대화를 목표로
step

대화의 내용을 완전히 파악하세요.
잠시 후 이 대화를 영어로 말할 수 있게 됩니다.

왜?

팔레스타인 사람들은 **애니띵ᵗʰ 뤄엉** 한 게 없어.
| anything wrong 어떤 나쁜 일

그들은 그곳에서 **을로옹 타임** 동안 **을리브ᵛᵈ** 했지.
| long time 오랫동안　　　　　　| lived 살았다

하지만, 이스라엘 녀석들이 그들을 **뜨ᵗʰ류우 아우트** 했어.
| threw out 쫓아내다

무슨 **뤼이즌** 으로?
| reason 이유

을로옹 타임 어고우, 그들도 거기에 **을리브ᵛ드** 했거든.
| long time ago 오래전에　　　　　　　　| lived 살았다

쓰임플 하지 않네.
| simple 간단한

애니웨이, 모든 **워어ʳ**은 배드 한 거야.
| anyway 어쨌거나　 | war 전쟁　| 나쁜 bad

어ʳ미 들도 싫어.
| army 군대

02 어순은 너무나 간단하다.
step

틀리게 쓰거나 말하면 큰일 날 것 같죠?
천만에요. 오히려 기억력에 큰 도움이 됩니다.

1 왜
   Why ?

2 팔레스타인 사람들은 하지 않았어 / 어떤 나쁜 일도
   Palestinians didn't do

3 그들은 살았다 / 그곳에서 / 오랫동안
   They lived

4 하지만, 이스라엘 사람들이 / 그들을 쫓아냈다
   But, Israelites

5 무슨 이유로
   ?

6 오래전에, 그들은 살았어 / 거기에, 또한.
   there, too .

7 그것은 간단하지 않다.

8 어쨌거나, 모든 / 전쟁은 / 나쁘다
   bad .

9 나는 싫어한다 / 군대를, 역시
   army, too .

Episode 03 누가 잘못한 거야?

03 step 영어는 리듬과 강약이다.

한글은 가장 뛰어난 발음기호입니다.
큰 소리로 미친 듯이 반복해 말하세요.

- **와이?**
  Why?
  왜?

- **팔레스떼니앤스 디든트 두우** | **애니띵ᵗʰ 뤄엉.**
  Palestinians didn't do | anything wrong.
  팔레스타인 사람들은 하지 않았어 | 어떤 나쁜 일도.

  데이 을리브ᵛ드 | **데어ʳ** | **포ᶠ어ʳ 어 을로옹 타임.**
  They lived | there | for a long time.
  그들은 살았다 | 그곳에서 | 오랫동안.

  버트, 이즈뤠얼라이츠 | **뜨ᵗʰ류우 뎀 아우트.**
  But, Israelites | threw them out.
  하지만, 이스라엘 사람들이 | 그들을 쫓아냈다.

- **포ᶠ어ʳ 왓 뤼이즌?**
  For what reason?
  무슨 이유로?

- **을로옹 타임 어고우, 데이 을리브ᵛ드** | **데어ʳ, 투우.**
  Long time ago, they lived | there, too.
  오래전에, 이스라엘 사람들은 살았어 | 거기에, 또한.

- **이츠 나앗 쓰임플.**
  It's not simple.
  그것은 간단하지 않다.

  애니웨이, 에브ᵛ뤼 | **워어ʳ 이즈** | **배드.**
  Anyway, every | war is | bad.
  어쨌거나, 모든 | 전쟁은 | 나쁘다.

  아이 헤잇 | **어ʳ미, 투우.**
  I hate | army, too.
  나는 싫어한다 | 군대를, 역시.

04 step 대화는 센스와 요령이다.

실전 대화는 공부가 아닙니다.
실전 대화는 센스와 요령입니다.

 돌려 말하라!

이 말을 하려면 일단 '죄가 없다'라는 뜻의 단어가 있는지 알아야겠군요. 그 단어를 모른다면, 혹은 기억나지 않는다면 대체할 수 있는 표현을 생각해봐야 하고요.

아무것도 잘못한 것이 없다 = 죄가 없다

🗨 **Palestinians didn't do anything wrong.**

팔레스타인 사람들은 아무것도 잘못한게 없어.

Palestinians are innocent.

팔레스타인 사람들은 죄가 없어.

'죄가 없다, 결백하다'라는 뜻의 단어는 innocent입니다. Innocent라는 단어 하나만 알면 더 쉽게 말할 수 있으니 이 기회에 외워두는 것이 좋겠네요.

🗨 **Palestinians didn't do anything wrong.**

일반적으로 형용사는 명사의 앞에서 수식합니다. 예를 들어 '잘못된 선택'이라는 표현은 wrong choice가 되는 것처럼 말이죠. 하지만 -thing로 끝나는 단어들은 형용사가 뒤에서 수식합니다. 그래서 anything wrong에서는 wrong이 뒤에 오는 것입니다.

They lived there for a long time.

이 문장은 They had lived there for a long time.이라고 하는 것이 문법적으로 더 적절합니다. 과거의 어느 시점에 시작된 일이 과거의 어느 시점까지 계속되었다는 것이니, '과거 완료 시제'를 사용해야 하지요. 하지만 그냥 과거형으로만 표현해도 틀리지는 않습니다.

01 다음 대화를 목표로

> 대화의 내용을 완전히 파악하세요.
> 잠시 후 이 대화를 영어로 말할 수 있게 됩니다.

액츄얼리, 나도 한때 **쏘울져'** 이었어.
| actually 사실 | soldier 군인

정말? 왜?

나 **커뤼이안** 이잖아.
| Korean 한국 사람

모든 한국 남자들은 **밀리터뤼** 에 가야 해.
| military 군대

얼마나 오래?

투우 이이어'ㅅ 정도.
| two years 2년

끔찍하네.

바이 더 웨이, **워어'** 가 있어?
| by the way 그런데 | war 전쟁

롸잇 나우 는 아니지.
| right now 지금

02 어순은 너무나 간단하다.

step

틀리게 쓰거나 말하면 큰일 날 것 같죠?
천만에요. 오히려 기억력에 큰 도움이 됩니다.

1. 사실, 나도 군인이었다 / 한때
   Actually, I was a soldier / once .

2. 정말? 왜
   ?

3. 너는 안다 / 나는 한국 사람
   / I'm korean .

4. 모든 한국 남자들은 / 들어가야 해 / 군대에.
   Every Korean man / / .

5. 얼마나 오래
   ?

6. 2년 정도
   .

7. 끔찍하네
   .

8. 그런데, (하나의) 전쟁이 있니 / 한국에
   / in Korea ?

9. 아니다 / 지금은
   Not / .

Episode 03 누가 잘못한 거야? 063

03 영어는 리듬과 강약이다.
step

한글은 가장 뛰어난 발음기호입니다.
큰 소리로 미친 듯이 반복해 말하세요.

- **액츄얼리, 아^이 워어ㅈ 어 쏘울져^ㄹ | 원스.**
  Actually, I was a soldier | once.
  사실, 나도 군인이었다 | 한때.

- **뤼얼리? 와^이?**
  Really? Why?
  정말? 왜?

- **유우 노우 | 아^이앰 커뤼이안.**
  You know | I'm Korean.
  너는 안다 | 나는 한국 사람이다.

  에브^v뤼 커뤼이안 맨 | 해ㅈ 투 엔터^ㄹ | 더 밀리터뤼.
  Every Korean man | has to enter | the military.
  모든 한국 남자들은 | 들어가야 해 | 군대에.

- **하^우 ㄹ로옹?**
  How long?
  얼마나 오래?

- **어바웃 투우 이이어^ㄹㅅ.**
  About 2 years.
  2년 정도.

- **테뤄블.**
  Terrible.
  끔찍하네.

  바^이 더 웨^이, 이ㅈ 데어^ㄹ 어 워어^ㄹ | 인 커뤼이아?
  By the way, is there a war | in Korea?
  그런데, (하나의) 전쟁이 있니 | 한국에?

- **나앗 | 롸잇 나우.**
  Not | right now.
  아니다 | 지금은.

04 대화는 센스와 요령이다.
step

실전 대화는 공부가 아닙니다.
실전 대화는 센스와 요령입니다.

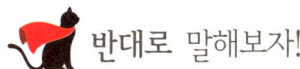 반대로 말해보자!

Simple은 거의 우리말처럼 쓰이는 외국어 중 하나입니다.
그렇다면 simple의 반대로 쓸 수 있는 표현은 어떤 것이 있을까요?

간단하다 ↔ 복잡하다

It's not simple.  **It's complicated.**

그것은 간단하지 않다.　　　　　　　　　　　　　　그것은 복잡해.

그리고 그 반대말이 쉬운 단어, 쉬운 표현이라면 문제를 간단하게 해결할 수 있습니다.
이런 식으로 바꾸어 말하면 되잖아요.

It's complicated.

Complicate는 '복잡하게 만들다'라는 동사입니다. 동사의 완료형은 형용사로 쓰일 수 있는데 여기서 complicated가 complicate의 완료형입니다. 그래서 '복잡한'이라는 형용사로 쓰인 것이지요.

Once

Once는 보통 '한 번'이라는 뜻으로 많이 쓰이지만, '언젠가'라는 뜻도 있습니다.

01 다음 대화를 목표로

step

대화의 내용을 완전히 파악하세요.
잠시 후 이 대화를 영어로 말할 수 있게 됩니다.

그럼, **유우주얼리** 무엇을 하는데?
| usually 보통

가끔 **디익 더 그롸운드** 하기도 하고.
| dig the ground 땅을 파다

그리고, 가끔 기지를 **클리인** 하기도 하고…
| clean 청소하다

그건 무슨… **프뤼스너스** 같은데.
| prisoners 죄수들

하하, **디프^f뤈쓰** 할 거 없지.
| difference 다른

정말 다행이다!

뭐가?

난 한국인이 아니잖아!

step 02 어순은 너무나 간단하다.

틀리게 쓰거나 말하면 큰일 날 것 같죠?
천만에요. 오히려 기억력에 큰 도움이 됩니다.

1 그럼, 무엇을 하니 / 그들은 / 보통 / 하다
Then, what do / they / usually / do ?

2 가끔 / 그들은 / 파다 / 땅을
_____ / they / _____ / _____ .

3 그리고 가끔 / 그들은 / 청소한다 / 기지를
_____ / _____ / _____ / the base …

4 그것은 들린다 / 죄수들처럼
That sounds / _____ .

5 하하, 별로 다를 것 없지.
Ha-ha, _____ .

6 정말 다행이다
_____ !

7 뭐에 대해
_____ ?

8 왜냐하면, 나는 한국인이 아니다
Because _____ !

03 step 영어는 리듬과 강약이다.

한글은 가장 뛰어난 발음기호입니다.
큰 소리로 미친 듯이 반복해 말하세요.

- **덴, 왓 두우 | 데이 | 유우주얼리 | 두우?**
  Then, what do | they | usually | do?
  그럼, 무엇을 하니 | 그들은 | 보통 | 하다?

- **썸타임즈 | 데이 | 디익 | 더 그롸운드.**
  Sometimes | they | dig | the ground.
  가끔 | 그들은 | 파다 | 땅을.

  앤드 썸타임즈 | 데이 | 클리인 | 더 베이쓰…
  And sometimes | they | clean | the base…
  그리고 가끔 | 그들은 | 청소한다 | 기지를…

- **대앳 싸운즈 | 을라익 프뤼스너쓰.**
  That sounds | like prisoners.
  그것은 들린다 | 죄수들처럼.

- **하-하, 쎄임 디프'뤈쓰**
  Ha-ha, Same difference.
  하하, 별로 다를 것 없지.

- **땡th쓰 가아드!**
  Thanks God!
  정말 다행이다!

- **어바웃 와트?**
  About what?
  뭐에 대해?

- **비커어즈 아이앰 나앗 커뤼이안!**
  Because I'm not Korean!
  왜냐하면, 나는 한국인이 아니다!

04 대화는 센스와 요령이다.

실전 대화는 공부가 아닙니다.
실전 대화는 센스와 요령입니다.

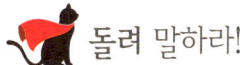 돌려 말하라!

'다를 것 없다, 비슷하다'라는 표현은 두 가지가 있습니다.

비슷하다 = 다를 것 없다

Same difference.
비슷해.

쉽게 → **Almost the same.**
거의 같아.

Almost the same은 거의 우리말을 직역해 놓은 것이나 다름이 없어 쉽습니다. Almost는 '거의'라는 뜻이고, same은 '비슷하다'라는 뜻이잖아요.

Same difference.

Same difference는 좀 더 어렵지만, 자주 쓰이는 표현이니 알아두세요. Difference는 '다름'이라는 의미의 명사인 것도 기억해 주세요. 그리고 same앞에는 습관적으로 the를 사용합니다.

· They are the same. 그것들은 서로 비슷해.

Thanks God!

직역하면 '신에게 감사한다'라는 뜻인데요, 기쁨이나 안도를 나타내는 감탄사입니다.

Yes의 다섯 가지 의미

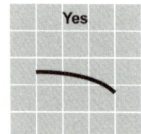

Yes ❶
응
'긍정적인 반응'을 보여줄 때.

상황 친구와 쇼핑을 갔다. 당신에게 어울릴 만한 머리핀 하나를 고른 친구가 그것에 대해서 당신에게 물어본다.

"응, 그래."

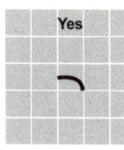

Yes! ❷
우와!
'기쁨이나 흥분'을 표현하고자 할 때.

상황 당신이 짝사랑하고 있던 여자가, 사실 당신을 좋아하고 있더라는 이야기를 친구한테서 들었다.

"우와!"

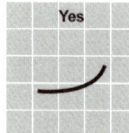

Yes! ❸
응!
당신을 부르는 누군가에게 '응답할 때.'

상황 길을 걸어가는 도중. 누군가 당신을 부른다.

"응!"

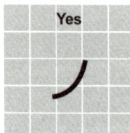

Yes? ❹
계속 말해 봐
상대방이 말을 계속하도록 '북돋워 줄 때.'

상황 여행계획을 짜기 위해 친구에게 조언을 구하고 있다. 무언가 좋은 정보를 알려주려는 것 같다.

"계속 말해 봐."

EPISODE 04
"나 너무 외로워."

01 다음 대화를 목표로
step

대화의 내용을 완전히 파악하세요.
잠시 후 이 대화를 영어로 말할 수 있게 됩니다.

으… 너무 **코울드** 해.
| cold 추운

응, **윈터'** 가 오고 있으니까.
| winter 겨울

 웨더^{th/r} 얘기를 하는 게 아니야.
| weather 날씨

 내 말은… 나 너무 **을로운리** 해.
| lonely 외로운

 어떻게 하면 **거얼프'렌드** 를 만들 수 있을까?
| girlfriend 여자친구

블라인드 데이트 이라도 나가보지그래?
| blind date 소개팅

 이미 **메니 타임즈** 해 봤지.
| many times 여러 번

 하지만, 매번 **페'일드** 했어.
| failed 실패했다

음… 내 생각엔…

02 어순은 너무나 간단하다.

틀리게 쓰거나 말하면 큰일 날 것 같죠?
천만에요. 오히려 기억력에 큰 도움이 됩니다.

1 으… 너무 춥다.
Brr… It's so cold.

2 응, 왜냐하면 / 겨울이 오고 있다
Yeah, because

3 나는 말하고 있지 않아 / 날씨에 관해서
I'm not talking

4 나는 의미한다… 나는 너무 외롭다.
I mean…

5 나는 어떻게 ~할 수 있을까 / 얻다 / (하나의) 여자친구를
get ?

6 ~하는 게 어때 / 가져보는 건 / (하나의) 소개팅을
a blind date ?

7 나는 그걸 했다 / 여러 번 / 이미
I did it.

8 하지만 / 나는 실패했다 / 매번
But,

9 음 / 내 생각엔
Hmm …

03 영어는 리듬과 강약이다.
step

한글은 가장 뛰어난 발음기호입니다.
큰 소리로 미친 듯이 반복해 말하세요.

- **브르르르… 잇츠 쏘우 코울드.**
  Brrr… It's so cold.
  으… 너무 춥다.

- **예아, 비커어즈 │ 윈터ʳ 이즈 커밍.**
  Yeah, because │ winter is coming.
  응. 왜냐하면 │ 겨울이 오고 있다.

- **아이앰 나앗 터어킹 │ 어바웃 더 웨더ᵗʰ/ʳ.**
  I'm not talking │ about the weather.
  나는 말하고 있지 않아 │ 날씨에 관해서.

  아이 미인… 아이앰 쏘우 을로운리.
  I mean… I'm so lonely.
  나는 의미한다… 나는 너무 외롭다.

  하우 캔 아이 │ 겟 │ 어 거얼프ᶠ렌드?
  How can I │ get │ a girlfriend?
  나는 어떻게 ~할 수 있을까 │ 얻다 │ (하나의) 여자친구를?

- **하우 어바웃 │ 해빙ᵛ │ 어 블라인드 데이트?**
  How about │ having │ a blind date?
  ~하는게 어때 │ 가져보는 건 │ (하나의) 소개팅을?

- **아이 디드 잇 │ 메니 타임즈 │ 어어ʳ뤠디.**
  I did it │ many times │ already.
  나는 그걸 했다 │ 여러 번 │ 이미.

  버트, │ 아이 페ᶠ일드 │ 에브ᵛ뤼 타임.
  But, │ I failed │ every time.
  하지만, │ 나는 실패했다 │ 매번.

- **흐음… 아이 띵ᵗʰ크…**
  Hmm… I think…
  음… 내 생각엔…

04 대화는 센스와 요령이다.
step

실전 대화는 공부가 아닙니다.
실전 대화는 센스와 요령입니다.

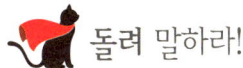 돌려 말하라!

정확하게 표현하자면 I have done it many times already라고 해야 합니다.

현재완료시제

I did it many times already.

이미 여러 번 했지.

심화 → **I have done** it many times already.

나는 이미 여러 번 해 봤지.

과거의 어떤 한순간에 있었던 일을 집어 말하는 것이 아니라, 현재까지 그렇게 해 왔다는 것이니 '현재완료' 시제를 사용해야 하지요. 완료를 사용하려면 have다음에 완료형을 말해야 합니다. 그러기 위해서는 각 동사의 완료형을 외우고 있어야 하고요. 이러한 준비가 되지 않았다면 그냥 간단히 과거형으로 말해도 좋습니다.

🔲 **I have done it many times already.**

다음 두 문장을 비교해보세요. 이 둘을 비교해서 말할 수 있다면 '**현재완료형**'을 이해한 것입니다.

- I knew him. 나는 그를 알았다.
- I have known him. 나는 그를 알고 있다.

How about ~ ?

'~는 어때?'라고 상대방의 의견을 물을 때는 이 표현을 사용하면 됩니다. How about~?이 뒤에는 동사가 명사형으로 바뀌어 사용된다는 것도 기억하시고요. How about learn~이 아니라 How about learning~인 것이지요.

Episode 04 나 너무 외로워 075

01 다음 대화를 목표로

step

대화의 내용을 완전히 파악하세요.
잠시 후 이 대화를 영어로 말할 수 있게 됩니다.

너만의 **스트뤙 포인트** 가 필요할 것 같아.
| strong point 강점

 예를 들자면?

탐을 봐.

걔 **쇼오ㄹ엇** 하고 **어글리** 하기까지 하잖아.
| short 키가 작은 | ugly 못생긴

그런데도 걔 항상 **거얼프ㄹ렌드**가 있지.
| girlfriend 여자 친구

 그거야 그의 **머니** 때문이잖아.
| money 돈

그래. 너에게도 그런 게 **니이드** 해.
| need 필요하다

 걔는 **쓰일버ᵛ/ʳ 스뿌운** 와 함께 **보어ㄹ언** 했잖아.
| silver spoon 은수저 | born 태어나다

하지만, 나는 **머니** 없어.
| money 돈

02 어순은 너무나 간단하다.

step

틀리게 쓰거나 말하면 큰일 날 것 같죠?
천만에요. 오히려 기억력에 큰 도움이 됩니다.

1 너는 필요하다 / 너만의 / 강점이
You need / your own / strong point .

2 예를 들자면 ?

3 보아라 / 탐을
/ at Tom .

4 그는 키가 작다 / 그리고 / 못생겼다
/ and / .

5 하지만, 그는 항상 가지고 있다 / (하나의) 여자친구를
/ a girlfriend .

6 이것은 ~때문이다 / 그의 돈의
/ of his money .

7 맞아. 너는 필요하다 / 어떤 것 / 그것과 비슷한
Right. You need / / .

8 그는 태어났다 / 은수저와 함께
/ with silver spoon .

9 하지만, 난 가지고 있지 않다 / 돈을
/ money .

Episode 04 나 너무 외로워 **077**

03 영어는 리듬과 강약이다.
step

> 한글은 가장 뛰어난 발음기호입니다.
> 큰 소리로 미친 듯이 반복해 말하세요.

- **유우 니이드 | 유어ʳ 오운 | 스트뤙 포인트.**
  You need | your own | strong point.
  너는 필요하다 | 너만의 | 강점이.

- **포ᶠ어ʳ 이그잼플?**
  For example?
  예를 들자면?

- **을루욱 | 엣 탐.**
  Look | at Tom.
  보아라 | 탐을.

  히이 이즈 쇼오ʳ엇 | 앤드 | 어글리.
  He is short | and | ugly.
  그는 키가 작다 | 그리고 | 못생겼다.

  버트, 히이 어얼웨이즈 해브ᵛ | 어 거얼프ᶠ렌드.
  But, he always have | a girlfriend.
  하지만, 그는 항상 가지고 있다 | (하나의) 여자친구를.

- **잇츠 비커어즈 | 어브ᵛ 히즈 머니.**
  It's because | of his money.
  이것은 ~때문이다 | 그의 돈의.

- **롸이트. 유우 니이드 | 썸띵ᵗʰ | 을라익 대트.**
  Right. You need | something | like that.
  맞아. 너는 필요하다 | 어떤 것 | 그것과 비슷한.

- **히이 워어즈 보어ʳ언 | 윗 쓰일버ᵛ/ʳ 스뿌운.**
  He was born | with silver spoon.
  그는 태어났다 | 은수저와 함께.

  버트, 아이 도운트 해브ᵛ | 머니.
  But, I don't have | money.
  하지만, 난 가지고 있지 않다 | 돈을.

04 step

실전 대화는 공부가 아닙니다.
실전 대화는 센스와 요령입니다.

다르게 말해보자!

'강점'이라고 하면 왠지 어려운 영어 단어가 필요할 것 같은데요, 그렇지 않습니다.
쉬운 단어만으로 만들 수 있는 표현이에요. '강하다'라는 뜻의 단어가 뭐였죠?

강점 = 강한 점

You need your own strong point.

너는 너만의 강점이 필요해.

심화

You need your own advantage.

너만의 강점이 필요해.

You need your own advantage.

Your own~을 사용한 다른 문장들도 알아볼까요? 아래의 두 가지 문장은 같은 의미입니다.

- Your own idea. 너 자신의 생각.
- Your idea. 너의 생각.

다만 own이 사용되면 '자신의'라는 느낌이 더 강해집니다.

He was born with silver spoon.

뒤에 in his mouth가 생략된 표현입니다. '은수저를 물고 태어났다'는 표현인데, 그 귀하기가 금수저 다음 은수저라고 해서 이것도 덜 부유하다는 뜻은 아닙니다. 원래 표현 자체가 silver일 뿐, 금수저급의 부유함을 나타내는 표현입니다.

01 다음 대화를 목표로

step

대화의 내용을 완전히 파악하세요.
잠시 후 이 대화를 영어로 말할 수 있게 됩니다.

머니 말고도 **메니 띵th즈** 가 있잖아.
| money 돈 | many things 많은 것들

곰곰이 **띵th크** 해봐.
| think 생각하다

 흠…

아! 기타를 **을러닝** 하는 건 어때?
| learning 배우기, 배움, 학습

아는 밴드가 **썸** 있어.
| some 몇몇

어얼 어브ᵛ 뎀 은 여자 친구가 있지.
| all of them 그들 모두

머니 라고는 한 푼도 없는데 말이야!
| money 돈

 음, **뤼이즈너벌** 하는 것 같네.
| reasonable 말이 되는

게다가, 돈도 **어 을라앗** 하게 벌 수 있어.
| a lot 많은

080

step 02 어순은 너무나 간단하다.

틀리게 쓰거나 말하면 큰일 날 것 같죠?
천만에요. 오히려 기억력에 큰 도움이 됩니다.

1 많은 것들이 있다 / ~ 말고 / 돈
There are many things / except / money .

2 생각해봐 / 곰곰이
Think / .

3 흠
/ …

4 아! ~하는 건 어때 / 배우기 / 기타
Oh! How about / / ?

5 나는 안다 / 몇몇 밴드 음악가들
I know / .

6 그들 모두 / 가지고 있어 / (하나의) 여자친구를
/ have / .

7 ~ 에도 불구하고 / 그들은 가지고 있다 / 0원을
Even though / / .

8 음, 이것은 들린다 / 합리적인
/ reasonable .

9 게다가, 너는 만들 수 있다 / 많은 / 돈의
Besides, / / .

Episode 04 나 너무 외로워 081

03 step 영어는 리듬과 강약이다.

한글은 가장 뛰어난 발음기호입니다.
큰 소리로 미친 듯이 반복해 말하세요.

- **데어ʳ 아ʳ 메니 띵ᵗʰㅈ | 엑쎕트 | 머니.**
  There are many things | except | money.
  많은 것들이 있다 | ~말고 | 돈.

  띵ᵗʰㅋ | 케어ʳ플ᶠ리.
  Think | carefully.
  생각해봐 | 곰곰이.

- **흐음…**
  Hmm…
  흠…

- **오우! 하우 ㅇ바웃 | ㅇ러닝 | 기타아ʳ?**
  Oh! How about | learning | guitar?
  아! ~하는 건 어때 | 배우기 | 기타?

  아ㅇ 노우 | 썸 밴드 뮤지션ㅅ.
  I know | some band musicians.
  나는 안다 | 몇몇 밴드 음악가들.

  어얼 어브ᵛ 뎀 | 해브ᵛ | ㅇ 거얼프ᶠ렌드.
  All of them | have | a girlfriend.
  그들 모두 | 가지고 있어 | (하나의) 여자친구를.

  이이븐ᵛ 도우 | 데이 해브ᵛ | 노우 머니!
  Even though | they have | no money!
  ~에도 불구하고 | 그들은 가지고 있다 | 0원을!

- **흐음, 잇 싸운ㅈ | 뤼이ㅈ너벌.**
  Hmm, It sounds | reasonable.
  음. 이것은 들린다 | 합리적인.

- **비싸이ㅈ, 유우 캔 메익 | ㅇ 얼라앗 | 어브ᵛ 머니.**
  Besides, you can make | a lot | of money.
  게다가, 너는 만들 수 있다 | 많은 | 돈의.

082

04 대화는 센스와 요령이다.
step

실전 대화는 공부가 아닙니다.
실전 대화는 센스와 요령입니다.

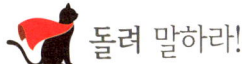

돌려 말하라!

전 세계의 불특정다수가 아닌 '내가 아는 몇 명의 밴드 음악가'들이라는 의미로 '모두'라는 표현을 하려면 범위를 좀 한정시켜줘야겠습니다.

그들 모두가 ~ = 그들은 모두 ~

All of them have a girlfriend.

그들 모두가 여자친구를 가지고 있어.

They all have a girlfriend.

그들은 모두 여자친구를 가지고 있어.

🗨 All of them have a girlfriend.

'그들 전부'라고 말하는 데에는 어떤 방법이 있을까요?

- all of ~ : ~의 전부
- ~all : ~전부
- everyone : 모든 사람

셋 다 전부이기는 하지만, 앞의 대화 내용에서 '몇 명의 음악가'가 나오고, '그들 모두'라는 의미를 전달하기에는 all of them이나 they all과 같은 표현으로 범위를 정해주는 것이 더 자연스럽습니다.

Even though~

Even은 보통 '평평한'의 의미로 흔히 사용되는 단어입니다. 하지만 '~조차도'라는 의미도 있지요. '평평한', '조차도'… even이 어떤 뉘앙스를 가진 단어인지 짐작이 가시나요? 이 단어 안에는 '가리지 않고 뭐든 좋다'라는 뉘앙스가 담겨있답니다. 그렇다면 even though는 어떤 의미일까요. Though의 뜻이 '그렇지만'이라는 점을 생각하면 쉽게 답이 나옵니다. Even though는 '그럼에도 불구하고'라는 의미이지요.

01 다음 대화를 목표로
step

대화의 내용을 완전히 파악하세요.
잠시 후 이 대화를 영어로 말할 수 있게 됩니다.

 하지만, 그게 **이이지** 하진 않잖아.
| easy 쉬운

하지만… **거얼프'렌드** 를 사귀는 것보다는 **이이지어'** 할걸.
| girlfriend 여자 친구 | easier 더 쉬운

 좋아, **디싸이드** 했어!
| decide 결정하다

 당장 기타를 **바이** 하러 갈 거야!
| buy 사다

좋은 **아이디이어** 야.
| idea 생각

그리고… 너 내 기타 **바이** 할래?
| buy 사다

내가 **스뻬셔얼** 한 **프라이스** 로 줄게.
| special 특별한 | price 가격

step 02 어순은 너무나 간단하다.

틀리게 쓰거나 말하면 큰일 날 것 같죠?
천만에요. 오히려 기억력에 큰 도움이 됩니다.

1 하지만, 이것은 아니다 / (하나의) 쉬운 방법
But, it is not / an easy way .

2 하지만… 이것은 더 쉬울 것이다 / ~ 보다 / 여자친구를 갖는 것
But… It will be easier .

3 좋아, 결심했어!
Okay, !

4 나는 갈 거야 / 사러 / (하나의) 기타를 / 지금 당장
a guitar !

5 좋은 생각이야
.

6 그리고… 너 살래 / 내 기타를
my guitar ?

7 나는 줄 것이다 / 이것을 / 니에게 / 특별한 가격에
to you .

Episode 04 나 너무 외로워

03 영어는 리듬과 강약이다.

step

한글은 가장 뛰어난 발음기호입니다.
큰 소리로 미친 듯이 반복해 말하세요.

버트, 잇 이즈 나앗	언 이이지 웨이.
But, it is not	an easy way.
하지만, 이것은 아니다	(하나의) 쉬운 방법.

버트… 잇 윌 비이 이이지어ʳ	댄	해빙ᵛ 어 거얼ᵖ렌드.
But… It will be easier	than	having a girlfriend.
하지만… 이것은 더 쉬울 것이다	~보다	여자친구를 갖는 것.

- 오우케이, 아이 디싸이드!
  Okay, I decide!
  좋아, 결심했어!

아이 윌 고우	투 바이	어 기타아ʳ	롸잇 나우!
I will go	to buy	a guitar	right now!
나는 갈 거야	사러	(하나의) 기타를	지금 당장!

- 구ᵈ 아이디이어.
  Good idea.
  좋은 생각이야.

앤드… 우ᵈ 유우 바이	마이 기타아ʳ?
And… Would you buy	my guitar?
그리고… 너 살래	내 기타를?

아이 윌 기브ᵛ	잇	투 유우	엣 어 스뻬셔얼 프라이스.
I will give	it	to you	at a special price.
나는 줄 것이다	이것을	너에게	특별한 가격에.

04 대화는 센스와 요령이다.
step

실전 대화는 공부가 아닙니다.
실전 대화는 센스와 요령입니다.

 다르게 말해보자!

Reasonable은 '합리적인'이라는 뜻의 단어입니다. '그럴듯하다'라는 말을 이렇게 표현할 수 있어요. Make sense는 '이치에 맞다'라는 뜻의 표현인데요, 이것을 활용할 수도 있겠지요.

합리적인 = 이치에 맞다

Hmm, It sounds reasonable.

흠, 합리적으로 들리네.

 **It makes sense.**

말이 되네.

둘 다 어렵다고요? 그냥 이렇게만 해도 됩니다. '맞는 말 같네'
It sounds reasonable. = It makes sense. = It sounds right.

Will you & Would you

쎈 표현과 부드러운 표현을 어떻게 만들 수 있을까요? 영어에서는 동사를 일부러 과거형으로 바꿔서 부드러운 표현을 만들어냅니다. 엄연히 현재의 일인데도 말이죠. Will과 Would 도 마찬가지 입니다.

Will you? 보통의 표현
Would you? 부드러운 표현

Good idea.

상대방의 생각에 찬성하거나 응원을 할 때 자주 사용하는 표현입니다. 매일매일 영어공부를 하겠다고요?
Good idea!

No의 네 가지 의미

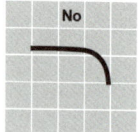

No❶
아니야
'동의하지 않음'혹은 '반대 의견'이 있음을 표현하고자 할 때.

상황 친구는 컵케이크가 맛있다고 한다. 하지만 당신에겐 너무 달다.

"아니야, 그건 너무 달아."

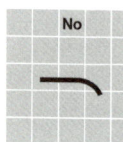

No❷
맞아
'부정적인 말에 대해 동의'하고자 할 때.

상황 친구와 함께 친구의 남자친구에 대해서 이야기를 나누고 있다.
그가 잘못한 점에 대해서 말이다.

"맞아, 나도 그렇게 생각해. 그가 나빴어."

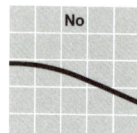

No❸
이런
'충격이나 실망감'을 표현하고자 할 때.

상황 길을 걸어가던 도중 교통사고를 목격했다.
그렇게 큰 교통사고를 난생 처음 본 당신은 엄청나게 놀랐다.

"오 이런, 끔찍하다."

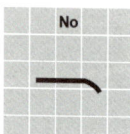

No❹
절대 그럴 리가 없어
'부정적인 말에 대해서 단언'하고자 할 때.

상황 친구가 돈을 빌려 갔지만 절대로 갚을 것 같지가 않다.

"그는 나한테 돈을 갚지 않을 거야. 절대 그럴 리가 없어."

EPISODE 05
"너 변한 것 같아."

01 step 다음 대화를 목표로

대화의 내용을 완전히 파악하세요.
잠시 후 이 대화를 영어로 말할 수 있게 됩니다.

영화 표 **부욱** 했어?
| book 예매하다

아, 미안! **퍼f/r가트** 했다.
| forgot 잊었다

메니 타임즈 나 말했었잖아!
| many times 여러 번

롸잇 나우 할게.
| right now 지금 당장

이미 늦었어.

다 **쏘울드 아우트** 되었을걸.
| sold out 매진된

음… 아냐! 몇몇 **쓰이츠** 가 남았어!
| seats 자리들

진짜? 이것 봐. 내가 이럴 줄 알았어!

올래스트 쓰이트 뿐이잖아!
| last seat 뒤쪽 좌석

02 어순은 너무나 간단하다.
step

틀리게 쓰거나 말하면 큰일 날 것 같죠?
천만에요. 오히려 기억력에 큰 도움이 됩니다.

1 너 예약 했어 / 영화 표들
Did you book / movie tickets ?

2 아, 미안! 잊고 있었다
Ah, .

3 나는 너에게 말했다 / 여러 번
/ many times !

4 나는 이것을 할 것이다 / 바로 지금
/ right now .

5 너무 늦었어
.

6 나는 생각한다 / 모든 표가 / 매진되었다고
I think / / .

7 음… 아니! / 몇몇 / 자리들이 / 남았다
Hmm… No! / / / .

8 정말? 봐! / 나는 안다 / 이것을
Really? See! / / .

9 이것은 / 매우 / 뒤쪽 좌석
/ / last seat !

Episode 05 너 변한 것 같아.

03 영어는 리듬과 강약이다.
step

한글은 가장 뛰어난 발음기호입니다.
큰 소리로 미친 듯이 반복해 말하세요.

- **디ᄃ 유우 부욱 | 무우비ᵛ 티킷ᄎ?**
  Did you book | movie tickets?
  너 예약 했어 | 영화 표들?

- **아, 싸아뤼! 아ᅵ 퍼f/r가ᄐ.**
  Ah, sorry! I forgot.
  아, 미안! 잊고 있었다.

- **아ᅵ 토울ᄃ 유우 | 메니 타임ᄌ!**
  I told you | many times!
  나는 너에게 말했다 | 여러 번!

- **아ᅵ 윌 두ᵘ 잇 | 롸잇 나ᵘ.**
  I will do it | right now.
  나는 이것을 할 것이다 | 바로 지금.

- **잇 이ᄌ 투우 을레이ᄐ.**
  It is too late.
  너무 늦었어.

  아ᅵ 띵ᵗʰᄏ | 어얼 티킷ᄎ 아ʳ | 쏘울ᄃ 아우ᄐ.
  I think | all tickets are | sold out.
  나는 생각한다 | 모든 표가 | 매진되었다고.

- **흐음… 노우! | 썸 | 쓰이ᄎ 아ʳ | 을레프ᶠᄐ.**
  Hmm… No! | Some | seats are | left.
  음… 아냐! | 몇몇 | 자리들이 | 남았다.

- **뤼얼리? 쓰이! | 아ᅵ 노우 | 이ᄐ.**
  Really? See! | I know | it.
  정말? 봐라! | 나는 안다 | 이것을.

  잇ᄎ | 더 베ᵛ뤼 | 을래스ᄐ 쓰이ᄐ!
  It's | the very | last seat!
  이것은 | 매우 | 뒤쪽 좌석!

04 대화는 센스와 요령이다.
step

실전 대화는 공부가 아닙니다.
실전 대화는 센스와 요령입니다.

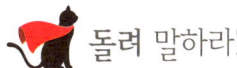 돌려 말하라!

우리에게 익숙한 book이 여기서는 '책'이 아닌 다른 뜻으로 사용되었습니다.
Book은 명사로 쓰일 때는 '책'이라는 뜻이지만 동사로 쓰일 때는 호텔이나 식당을 '예약하다'라는 뜻이 됩니다.

현재완료시제 → 과거형

Did you book movie tickets?

너 영화 표 예매했어?

심화

Have you booked movie tickets?

영화 표 예매해놨어?

어떤 일을 완료했느냐고 묻는 것이니, 현재완료 시제를 사용하여 Have you booked a movie ticket?이라고 말해야 문법적으로는 더 적절합니다. 하지만 그냥 과거형으로, Did you book movie tickets?라고만 해도 틀리지는 않습니다.

Have you booked movie tickets?

이 문장을 현재완료 평서문으로 만들 경우에는 I have booked movie tickets. '내가 영화 티켓 예매해뒀어' 라고 쓸 수 있습니다. 여기서는 의문형이기 때문에 have가 주어 앞에서 쓰인 것이지요.

I told you many times!

이것 역시 마찬가지고요. 예전에 이미 말했었고, 이제는 끝난 일이니 I have told you many times. 라고 하는 것이 더 적절하지요.

01 다음 대화를 목표로
step

대화의 내용을 완전히 파악하세요.
잠시 후 이 대화를 영어로 말할 수 있게 됩니다.

🧒 대체 왜 내 말을 **이그노어어'** 한 거야?
| ignore 무시하다

이그노어어' 한 게 아니야! 🧑
| ignore 무시하다

단지 좀 **비지** 했을 뿐이라고. 🧑
| busy 바쁜

🧒 게임을 하느라?

아니… 그냥… 그래, 내가 **을루우즈** 했어. 미안해. 🧑
| lose 졌다

🧒 네가 **을루우즈** 했다? 무슨 **미인** 이야?
   | lose 졌다 | mean 의미하다

네가 **윈** 했다는 **미인** 이지. 🧑
| win 이기다 | mean 의미하다

🧒 지금 **키딩** 해?
| kidding 장난하는

🧒 이기고 지고의 **게임** 이 아니잖아!
| game 시합

02 어순은 너무나 간단하다.

step

틀리게 쓰거나 말하면 큰일 날 것 같죠?
천만에요. 오히려 기억력에 큰 도움이 됩니다.

1. 왜? 왜 너는 ~했니 / 무시하다 / 내 말을
   Why? Why did you / ignore / my words ?

2. 나는 무시 안 했어 / 너를
   / you !

3. 나는 단지 바빴다
   .

4. ~때문에 / 게임을 하는 것의
   Because / ?

5. 아니…그냥… 그래, 내가 졌다 / 미안해
   No… Just… Yeah, / . / .

6. 니가 졌다 / 무슨 의미야
   You lose ? / ?

7. 이것은 의미한다 / '네가 이겼다'
   / 'you win' .

8. 너는 농담 하고 있니 / 나에게
   / me ?

9. 이것은 아니다 / (하나의) 시합이
   / a game !

Episode 05 너 변한 것 같아. 095

03 영어는 리듬과 강약이다.

step

한글은 가장 뛰어난 발음기호입니다.
큰 소리로 미친 듯이 반복해 말하세요.

- **와이? 와이 디드 유우** | **이그노어어ʳ** | **마이 워어ʳ즈?**
  Why? Why did you | ignore | my words?
  왜? 왜 너는 ~했니 | 무시하다 | 내 말을?

- **아이 디든트 이그노어어ʳ** | **유우!**
  I didn't ignore | you!
  나는 무시 안 했어 | 너를!

  아이 워어즈 저스트 비지.
  I was just busy.
  나는 단지 바빴다.

- **비커어즈** | **어브ᵛ 플레잉 게임즈?**
  Because | of playing games?
  ~때문에 | 게임을 하는 것의?

- **노우··· 저스트··· 예아, 아이 을루우즈.** | **아이앰 쏘아뤼.**
  No··· Just··· Yeah, I lose. | I'm sorry.
  아니···그냥··· 그래, 내가 졌다. | 미안해.

- **유우 을루우즈?** | **왓 두우 유우 미인?**
  You lose? | What do you mean?
  니가 졌다? | 무슨 의미야?

- **잇 미인즈** | **'유우 윈'.**
  It means | 'you win'.
  이것은 의미한다 | '네가 이겼다'.

- **아ʳ 유우 키딩** | **미이?**
  Are you kidding | me?
  너는 농담 하고 있니 | 나에게?

  이츠 나앗 | **어 게임!**
  It's not | a game!
  이것은 아니다 | (하나의) 시합이!

step 04 대화는 센스와 요령이다.

실전 대화는 공부가 아닙니다.
실전 대화는 센스와 요령입니다.

 다르게 말해보자!

이번에는 표현을 조금 더 어렵게 바꿔볼까요. 본문에서는 자리가 '남아 있다'라고 표현했지요. 그런데 보통 좌석 등에 대해서 말할 때는, 그것을 '사용할 수 있다'라고 말하기도 합니다.

자리가 남아 있다 = 자리를 사용할 수 있다

Hmm··· No! Some seats are left.

음… 아냐! 몇몇 자리가 남아있어!

심화 → **Some seats are still available.**

몇몇 자리는 사용할 수 있겠어.

'사용 가능한'이라는 뜻의 단어는 available이고요.

Some seats are still available.

Available은 두 가지 뜻을 가지고 있습니다. 하나는 '이용할 수 있는', 다른 하나는 '시간이 있는'이지요. 사물과 함께 쓰일 때는 '이용할 수 있는'이고 사람과 함께 쓰일 때는 '시간이 있는'이라는 뜻으로 쓰이는 건 말하지 않아도 아시겠지요?

- This seat is available. 이 자리는 사용할 수 있습니다.
- I am available. 나 시간 있어요.

Because와 Because of

Because 다음에는 문장이 사용됩니다.
  Because I love you. 내가 너를 사랑하기 때문에.
반면, because of 다음에는 명사가 사용됩니다.
  Because of you. 너 때문에.

01 step 다음 대화를 목표로

대화의 내용을 완전히 파악하세요.
잠시 후 이 대화를 영어로 말할 수 있게 됩니다.

자기야, **커어엄 다운** 해.
| calm down 진정하다

영화는 나중에 **와아취** 할 수도 있잖아.
| watch 보다

영화 때문에 **앵그뤼** 한 게 아니야.
| angry 화난

덴 와이 그러는 건데?
| then 그럼 | why 왜

토울드 했잖아. 네가 날 **이그노어어**「 한다고.
| told 말했다 | ignore 무시하다

아니라고 **토울드** 했잖아.
| told 말했다

아무래도… 너 **췌인쥐드** 한 것 같아.
| changed 변했다

안 변했다고, **쒸트**!
| shit 젠장

봐, 전엔 **올라익 대트** 으로 **토울드** 한 적도 없었잖아.
| like that 그런 식으로 | told 말했다

02 어순은 너무나 간단하다.

틀리게 쓰거나 말하면 큰일 날 것 같죠?
천만에요. 오히려 기억력에 큰 도움이 됩니다.

1 자기야, 진정해

2 우리는 볼 수 있다 / 그 영화를 the movie / 다음에

3 난 화나지 않았다 I'm not angry / ~때문에 / 영화의

4 그럼 Then / 왜 너는 / 그렇게 화난 ?

5 난 말했다 / 너에게. 너는 무시한다 / 나를 me

6 나는 너에게 말했다 / 안 그랬다고 I didn't

7 나는 생각한다… 너는 변했나 I think…

8 아니라고, 젠장 !

9 봐, 너는 말했던 적이 없다 Look, / 나에게 / 그런 식으로

Episode 05 너 변한 것 같아.

03 영어는 리듬과 강약이다.

step

한글은 가장 뛰어난 발음기호입니다.
큰 소리로 미친 듯이 반복해 말하세요.

- **허니, 커어엄 다운.**
  Honey, calm down.
  자기야, 진정해.

위이 캔 와아취	**더 무우비ᵛ**	**을레이터ʳ.**
We can watch	the movie	later.
우리는 볼 수 있다	그 영화를	다음에.

- **아이앰 나앗 앵그뤼** | **비커어즈** | **어브ᵛ 더 무우비ᵛ.**
  I'm not angry | because | of the movie.
  난 화나지 않았다 | ~때문에 | 영화의.

- **덴** | **와이 아ʳ 유우** | **쏘우 업쎄트?**
  Then | why are you | so upset?
  그럼 | 왜 너는 | 그렇게 화난?

- **아이 토울ㄷ** | **유우. 유우 이그노어어ʳ** | **미이.**
  I told | you. You ignore | me.
  난 말했다 | 너에게. 너는 무시한다 | 나를.

- **아이 토울ㄷ 유우** | **아이 디든ㅌ.**
  I told you | I didn't.
  나는 너에게 말했다 | 안 그랬다고.

- **아이 띵ᵗʰㅋ… 유우 췌인쥐ㄷ.**
  I think… You changed.
  나는 생각한다… 너는 변했다.

- **아이 디든ㅌ, 쉬ㅌ!**
  I didn't, shit!
  아니라고, 젠장!

- **올루크, 유우 해브ᵛ 네버ᵛ/ʳ 토울ㄷ** | **미이** | **올라익 대ㅌ.**
  Look, You have never told | me | like that.
  봐, 너는 말했던 적이 없다 | 나에게 | 그런 식으로.

04 대화는 센스와 요령이다.
step

실전 대화는 공부가 아닙니다.
실전 대화는 센스와 요령입니다.

🐱 다르게 말해보자!

진지하게 얘기 좀 하자고 하는데 자꾸 요리조리 빠져나가려고 하면 한소리 해서 본론으로 잡아 와야겠지요? 그럴 때 쓸 수 있는 표현입니다.

장난하는 거 아니야 = 진지해

It's not a game!
이것은 게임이 아니야!

 변형

I am serious.
나 진지해.

💬 **It's not a game!**

'게임이 아니야'라는 표현은 이 말을 쓰는 사람이 상당히 진지하게 이야기하고 있다는 의미입니다. 장난처럼 가볍게 들을 말이 아니라는 것이지요. 비슷한 표현으로는 It is no joke가 있습니다. 역시 농담이 아니라 심각한 일이라는 표현이지요.

You ignore me.

당신 말이라면 한 귀로 듣고 다른 귀로 흘려버리는 사람이 있다면 위의 표현을 외워두었다가 사용하면 되겠네요. Ignore은 '무시하다'라는 뜻의 단어입니다.

01 다음 대화를 목표로
step

대화의 내용을 완전히 파악하세요.
잠시 후 이 대화를 영어로 말할 수 있게 됩니다.

아, 제발…

우리 **타임**이 **니이드** 한 것 같아.
| time 시간 | need 필요하다

지금 나랑 **'브뤠익 업'** 하고 싶다는 말이야?
| break up 헤어지다

아니, 난 단지 **'아워' 륄레이션쉽'**에 대해 이야기하고 있는 거야.
| our relationship 우리의 관계

좋아, **언더'스탠드** 했어. 당분간 **나앗 쓰이** 하자.
| understand 이해하다 | not see 안보다

너 어떻게 **쎄이 을라익 대앳** 할 수가 있어?
| say 말하다 | like that 그렇게

…제발…!!!

02 어순은 너무나 간단하다.
step

틀리게 쓰거나 말하면 큰일 날 것 같죠?
천만에요. 오히려 기억력에 큰 도움이 됩니다.

1 아, 제발
Uh, Come on ...

2 나는 생각한다 / 우리는 필요하다 / 시간이
time .

3 너는 말하고 있는 거니 / '헤어지는 것'에 대해 / 지금
now ?

4 아니, 나는 단지 말하는 중이다 / '우리의 관계'에 대해서
about 'our relationship' .

5 좋아, 나는 이해한다 / 보지 말자 / 당분간
Okay, I understand . .

6 어떻게 ~할 수 있어 / 말하다 / 그렇게
say ?

7 …제발
…!!!

step 03 영어는 리듬과 강약이다.

한글은 가장 뛰어난 발음기호입니다.
큰 소리로 미친 듯이 반복해 말하세요.

- **어, 컴 어언…**
  Uh, Come on…
  아, 제발…

- **아ㅣ 띵ᵗʰ크** | **위이 니이드** | **타임.**
  I think | we need | time.
  나는 생각한다 | 우리는 필요하다 | 시간이.

- **아ㄹ 유우 터어킹** | **어바웃 브뤠이킹 업** | **나우?**
  Are you talking | about 'breaking up' | now?
  너는 말하고 있는 거니 | 헤어지는 것에 대해 | 지금?

- **노우, 아이 앰 저스트 터어킹** | **어바웃 '아워' 륄레이션쉽'.**
  No, I am just talking | about 'our relationship'.
  아니. 나는 단지 말하는 중이다 | '우리의 관계'에 대해서.

- **오우케이, 아이 언더ㄹ스탠드.** | **올레츠 나앗 쓰이** | **포ᶠ어ㄹ 어 와아일.**
  Okay, I understand. | Let's not see | for a while.
  좋아, 나는 이해한다. | 보지 말자 | 당분간.

- **하우 캔 유우** | **쎄이** | **올라익 대앳?**
  How can you | say | like that?
  어떻게 ~할 수 있니 | 말하다 | 그렇게?

- **…컴 어언…!!!**
  …Come on…!!!
  …제발…!!!

step 04 대화는 센스와 요령이다.

실전 대화는 공부가 아닙니다.
실전 대화는 센스와 요령입니다.

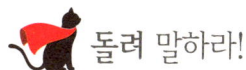 돌려 말하라!

이 말을 정확하게 풀어서 이야기하자면 이렇게 얘기해야 합니다. 너 지금 나와 헤어지고 싶다는 이야기를 하는 거야? 이것을 영어로 옮기면 이렇고요. **Are you saying that you want to break up with me now**? 하지만 이렇게 말하자면 문장이 너무 길어지지요.

~라고 말하다 = ~에 대해 말하다

Are you saying that you want to break up with me now?

지금 나랑 헤어지고 싶다는 말이야?

 쉽게

Are you talking about 'breaking up' now? 💬

너 지금 '헤어지는 것'에 대해 이야기하고 있는 거야?

간단하게 이와 같이 이야기해도 의미는 충분히 통할 것 같네요.

💬 **Are you talking about 'breaking up' now?**

Break up은 남녀 관계에서 사용되면 '헤어지다'라는 뜻이 됩니다. '~와 헤어지다'라고 쓸 때는 예문에서처럼 **with**를 뒤에 붙여주고 대상을 넣어주면 됩니다.

Come on

Come on이라고 하면 보통 '여기로 와'라는 뜻으로 쓰인다고 알고 계실 텐데요, '제발 그러지 좀 마'라는 뉘앙스가 담긴 감탄사로 이 표현이 쓰이기도 합니다. '좀 봐 줘'라는 뉘앙스로도 쓸 수 있고요.

Episode 05 너 변한 것 같아.

There you go의 세 가지 의미

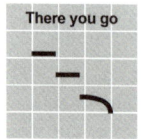

There you go ❶
자, 여기
어떤 것을 다른 사람에게 줄 때.

상황 친구가 당신의 모자를 써 보고 싶다고 한다. 물론, 기꺼이 모자를 내어 줄 생각이다.

"물론이지! 자, 여기."

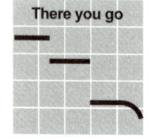

There you go! ❷
내 말이!
당신이 맞았다는 것을 강조하여 말하고자 할 때.

상황 친구가 당신이 생각하던 것을 먼저 콕 찍어 말했다.

"내 말이! 그게 바로 딱 내가 생각하던 거야."

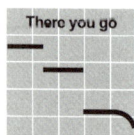

There you go! ❸
잘됐다!
축하한다고 말하고자 할 때.

상황 친구가 드디어 결혼을 결심했다. 아주 기쁜 일이다.

"잘됐다! 축하해, 친구야."

EPISODE 06
"너 그 소식 들었어?"

01 다음 대화를 목표로

step

대화의 내용을 완전히 파악하세요.
잠시 후 이 대화를 영어로 말할 수 있게 됩니다.

너 그 **뉴우쓰** 들었어?
| news 소식

무슨 **뉴우쓰**!
| news 소식

마크가 **머니**를 전부 **을로오스트** 했대.
| money 돈 | lost 잃어버리다

정말? 걔 항상 열심히 **워억'스** 했잖아!
| works 일하다

응, 하지만 돈을 **키입** 하진 못했지.
| keep 지키다

왜? 걔가 뭘 어쨌는데?

걔 **갬블링** 에 미쳤었거든.
| gambling 도박

망할. 무슨 **갬블링** 에?
| gambling 도박

특히, **호어'스 뤠이씽** 에.
| horse racing 경마

108

02 어순은 너무나 간단하다.

step

틀리게 쓰거나 말하면 큰일 날 것 같죠?
천만에요. 오히려 기억력에 큰 도움이 됩니다.

1 너 들었어 / 그 뉴스
Did you hear the news?

2 무슨 소식
?

3 마크는 잃었다 / 전부 / 그의 돈
Mark lost .

4 정말? 그는 항상 일한다 / 열심히
hard !

5 응, 하지만 / 그는 지키지 못했다 / 그의 돈을
Yeah, but .

6 왜? 그는 무엇을 했어
Why? ?

7 그는 미쳤다 / 도박에 관해서
about gambling .

8 망할. 무슨 도박
Damn. ?

9 특히, 말 경주
.

Episode 06 너 그 소식 들었어? 109

03 영어는 리듬과 강약이다.
step

> 한글은 가장 뛰어난 발음기호입니다.
> 큰 소리로 미친 듯이 반복해 말하세요.

- **디드 유우 히어ʳ | 더 뉴우ᄊ?**
  Did you hear | the news?
  너 들었어 | 그 뉴스?

- **왓 뉴우ᄊ?**
  What news?
  무슨 소식?

- **마아ʳ크 을로오스트 | 어얼 | 어ᄇᵛ 히즈 머니.**
  Mark lost | all | of his money.
  마크는 잃었다 | 전부 | 그의 돈.

- **뤼얼리? 히이 어얼웨이즈 워억ʳᄉ | 하아ʳ드!**
  Really? He always works | hard!
  정말? 그는 항상 일한다 | 열심히!

- **예아, 버엇 | 히이 쿠드 나앗 키입 | 히즈 머니.**
  Yeah, but | he could not keep | his money.
  응, 하지만 | 그는 지키지 못했다 | 그의 돈을.

- **와이? 왓 디드 히이 두우?**
  Why? What did he do?
  왜? 그는 무엇을 했어?

- **히이 워어즈 크뤠이지 | 어바웃 갬블링.**
  He was crazy | about gambling.
  그는 미쳤다 | 도박에 관해서.

- **댐. 왓 갬블링?**
  Damn. What gambling?
  망할. 무슨 도박?

- **이스페셜리, 호어ʳᄉ 뤠이씽.**
  Especially, horse racing.
  특히, 말 경주.

110

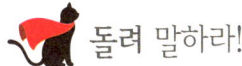 대화는 센스와 요령이다.

실전 대화는 공부가 아닙니다.
실전 대화는 센스와 요령입니다.

돌려 말하라!

'파산하다'라는 말을 좀 더 쉽게 표현할 수 있도록 바꾸어 봅시다. 두 가지 정도가 떠오르네요. 일단 '파산'이라는 단어의 의미를 풀어서 생각해 봅시다.

파산하다 = 돈을 모두 잃다

Mark went broke.
마크가 파산했대.

Mark lost all of his money.
마크가 그의 돈을 다 잃었대.

Break가 앞에서는 관계를 부수더니 이번에는 재무상태를 부쉈나 봅니다. 굳이 '파산'을 뜻하는 단어인 bankrupt를 쓰지 않아도 go broke만으로 충분합니다. 아니면 더 쉽게 lost를 써도 되고요.

Mark lost all of his money.

또한 파산하게 되었을 때의 결과에 대해 생각해 봅시다. 돈을 모두 잃었으니, 거지가 되었겠지요. '마크가 거지가 되었어.'라고 해도 같은 의미의 표현이 될 것 같습니다. '마크가 거지가 되었어.'라고 하려면, Mark became a beggar라고 합니다.

Be crazy about ~

무슨 일에 푹 빠져있는 것을 보고, 그것에 '미쳤다'라고 말하고는 합니다. 영어에서도 똑같은 식으로 표현하네요. '~에 미쳤다'라는 말을 할 때는 be crazy about~이라고 표현하면 됩니다.

01 다음 대화를 목표로

step

대화의 내용을 완전히 파악하세요.
잠시 후 이 대화를 영어로 말할 수 있게 됩니다.

난 그가 **디울리전트** 한 사람인 줄 알았는데.
| diligent 성실한

인 더 패스트, 그랬었지.
| In the past 과거에는

호어'스 뤠이씽 에 빠지기 **비포'어'** 에는 말이야.
| horse racing 경마 | before 전에

모든 도박은 **스땁드** 되어야만 해.
| stopped 멈췄다

맞아. 그건 모든 것을 **디스트뤄이즈** 해.
| destroys 파괴하다

내 친구, 알론소도 **갬블링** 에 빠졌었어.
| gambling 도박

그는 **자아브** 도, **패'멀'리** 도⋯ 모든 걸 다 **을로오스트** 했지.
| job 직장 | family 가족 | lost 잃다

그것참 **피티** 하네.
| pity 유감

그래서, 걘 요즘 어떻게 지내?

step 02 어순은 너무나 간단하다.

틀리게 쓰거나 말하면 큰일 날 것 같죠?
천만에요. 오히려 기억력에 큰 도움이 됩니다.

1. 나는 생각했다 / 그는 부지런한 사람이라고
   I thought / he was a diligent person.

2. 과거에는, 그는 그랬다

3. ~전에 / 그가 빠졌다 / 경마에
   / / into horse racing.

4. 모든 도박은 / 멈춰야 한다
   Every gambles / .

5. 맞아. 이것은 파괴한다 / 모든 것을
   Right, / .

6. 내 친구, 알론소는 빠졌다 / 도박에 / 또한
   My friend, Alonso fell / / .

7. 그는 잃었다 / 그의 직장, 가족… 잃었다 / 모든 것을
   / his job, family… / .

8. 그것은 (하나의) 안쓰러운 일이다

9. 그래서, 그는 어떻게 지내 ?

Episode 06 너 그 소식 들었어? 113

03 영어는 리듬과 강약이다.

step

한글은 가장 뛰어난 발음기호입니다.
큰 소리로 미친 듯이 반복해 말하세요.

- **아이 떠th엇** | **히이 워어즈 어 디을리전트 퍼어「쓴.**
  I thought | he was a diligent person.
  나는 생각했다 | 그는 부지런한 사람이라고.

- **인 더 패스트, 히이 워어즈.**
  In the past, he was.
  과거에는, 그는 그랬다.

  비포「어「 | **히이 가앗** | **인투 호어「스 뤠이씽.**
  Before | he got | into horse racing.
  ~전에 | 그가 빠졌다 | 경마에.

- **에브v뤼 갬블스** | **머스트 비이 스땁드.**
  Every gambles | must be stopped.
  모든 도박은 | 멈춰져야 한다.

- **롸이트. 잇 디스트뤄이즈** | **에브v뤼띵th.**
  Right. It destroys | everything.
  맞아. 이것은 파괴한다 | 모든 것을.

- **마이 프「렌드, 앨런소우 페「엘** | **인투 갬블** | **어얼쏘우.**
  My friend, Alonso fell | into gamble | also.
  내 친구, 알론소는 빠졌다 | 도박에 | 또한.

  히이 을로오스트 | **히즈 자아브, 패「멀리…** | **을로오스트** | **에브v뤼띵th.**
  He lost | his job, family… | lost | everything.
  그는 잃었다 | 그의 직장, 가족… | 잃었다 | 모든 것을.

- **댓츠 어 피티.**
  That's a pity.
  그것은 (하나의) 안쓰러운 일이다.

- **쏘우, 하우 이즈 히이 고우잉?**
  So, how is he going?
  그래서, 그는 어떻게 지내?

04 대화는 센스와 요령이다.
step

실전 대화는 공부가 아닙니다.
실전 대화는 센스와 요령입니다.

 멋지게 말해보자!

Diligent person 대신 earnest person이라고 해도 됩니다.
두 단어 모두 '성실한'이라는 뜻이니까요. 혹은 이런 식으로 표현해도 될 것 같네요.

성실한

I thought he was a diligent person.

나는 그가 부지런한 사람인 줄 알았는데.

I thought he did his best in everything.

심화

난 그가 모든 일에 최선을 다하는 줄 알았어.

'난 그가 모든 일에 최선을 다하는 줄 알았어.' 성실한 사람이라면 모든 일에 최선을 다할 테니까요.

I thought he did his best in everything.

Do one's best는 '최선을 다하다'라는 뜻의 표현입니다. 면접용 단골 멘트 중 하나죠? 뽑아만 주시면 I will do my best! 이렇게도 쓸 수 있습니다.

Fall into ~

Fall into~는 앞에서 배웠던 be crazy about과 비슷한 의미의 표현입니다. '~에 빠지다'라는 뜻이지요.

01 다음 대화를 목표로

step

대화의 내용을 완전히 파악하세요.
잠시 후 이 대화를 영어로 말할 수 있게 됩니다.

괜찮아?

글쎄, **을래스트 나이트**에 내게 **커어얼드** 했었어.
| last night 어젯밤 | called 전화했다

뭐라는데?

내게 돈 좀 **을렌드** 해달라고 **애스크트** 하더라고.
| lend 빌려주다 | asked 부탁했다

예쓰 라고 했어?
| yes 네, 응 (대답)

노우 라고 했지.
| no 아니요, 아니 (대답)

왜?

제이크가 이미 그에게 돈을 **을렌트** 해줬었어.
| lent 빌려주다

그리고 그는 다시 **갬블링** 하러 갔어.
| gambling 도박

116

step 02 어순은 너무나 간단하다.

틀리게 쓰거나 말하면 큰일 날 것 같죠?
천만에요. 오히려 기억력에 큰 도움이 됩니다.

1 그는 괜찮아
Is he all right ?

2 글쎄, 그는 전화했다 / 내게 / 어젯밤에
me .

3 무엇을 / 그는 말했니
What ?

4 그는 내게 물었다 / 내가 빌려줄 수 있는지 / 조금의 돈
some money .

5 너는 말했니 / 된다고
yes ?

6 나는 말했어 / 안된다고
no .

7 왜
?

8 제이크가 빌려줬다 / 그에게 / 돈을 / 이미
Jake lent .

9 그리고 / 그는 도박하러 갔다 / 다시
And .

Episode 06 너 그 소식 들었어? 117

03 영어는 리듬과 강약이다.
step

한글은 가장 뛰어난 발음기호입니다.
큰 소리로 미친 듯이 반복해 말하세요.

- **이즈 히**이 **어얼 롸**이트?
  Is he all right?
  그는 괜찮아?

- **웰, 히**이 **커어얼**드 | **미**이 | **을래스트 나**이트.
  Well, he called | me | last night.
  글쎄, 그는 전화했다 | 내게 | 어젯밤에.

- **왓** | **디드 히**이 **쎄**이?
  What | did he say?
  무엇을 | 그는 말했니?

- **히**이 **애스크트 미**이 | **이프ᶠ 아**이 **쿠드 을렌드** | **썸 머니.**
  He asked me | if I could lend | some money.
  그는 내게 물었다 | 내가 빌려줄 수 있는지 | 조금의 돈.

- **디드 유우 쎄**이 | **예쓰?**
  Did you say | yes?
  너는 말했니 | 된다고?

- **아**이 **쌔드** | **노우.**
  I said | no.
  나는 말했어 | 안된다고.

- **와**이?
  Why?
  왜?

- **제**익 **을렌트** | **힘** | **머니** | **어어ʳ뤠디.**
  Jake lent | him | money | already.
  제이크가 빌려줬다 | 그에게 | 돈을 | 이미.

  앤드 | **히**이 **웬트 갬블링** | **어게인.**
  And | he went gambling | again.
  그리고 | 그는 도박하러 갔다 | 다시.

04 대화는 센스와 요령이다.
step

실전 대화는 공부가 아닙니다.
실전 대화는 센스와 요령입니다.

 멋지게 말해보자!

'~해야 한다'라는 말은 must~를 사용하면 표현할 수 있습니다. 그런데 '금지하다'라는 말은 어떻게 하면 될까요. 우리말로 하면 조금 어색하지만, '멈추다'라고만 표현해도 같은 의미가 됩니다. Stop 말이에요.

정지되어야 해 = 금지되어야 해

Every gambles must be stopped.

모든 도박은 멈춰져야 한다.

심화

Every gambles must be banned.

모든 도박은 금지되어야 한다.

어떤 것이 멈춰져야 할까요? 보통 법으로 금지당하는 것들이 많이 해당할 것 같습니다. 그래서 여기서는 금지한다는 뜻을 가진 ban으로 바꿔쓸 수 있는 것이지요.

Every gambles must be banned.

Must에 stop을 바로 가져오면 '멈춰야 한다'라는 뜻이 됩니다. 하지만 도박이 그 자체의 의지로 뭔가를 할 수 있는 것은 아니잖아요? 하는 사람이 의지를 갖고 멈춰야 하는 것이니 이럴 때는 수동태 must be stopped를 써줘야 합니다.

- stop 멈춰라
- be stopped 멈춰지다 (수동태)
- must stop 멈춰야 한다
- must be stopped 멈춰져야 한다 (수동태)

Go ~ing

Go gambling처럼, go ~ing를 사용해 '~하러 간다'라는 의미를 표현하는 경우를 더 살펴볼까요.

go gambling = 도박하러 가다
go shopping = 쇼핑하러 가다
go drinking = 술을 마시러 가다

01 다음 대화를 목표로

step

대화의 내용을 완전히 파악하세요.
잠시 후 이 대화를 영어로 말할 수 있게 됩니다.

개 완전히 **브뤄큰** 했구나.
| broken 망가진

포ᶠ어ʳ 힘 뭐 할 수 있는 거 없을까?
| for him 그를 위해

애딕츠 를 위한 **쎈터ʳ** 를 찾아보자.
| addicts 중독자들　　| center 시설

그리고는?

그다음엔 마크를 **파ᶠ인드** 해야겠지.
| find 찾다

그리고 그를 거기에 **을라악** 히려고?
| lock 가두다

그 전에, **을렉스** 를 먼저 **브뤠익** 해야지.
| legs 다리들　　　| break 부러뜨리다

02 어순은 너무나 간단하다.
step

틀리게 쓰거나 말하면 큰일 날 것 같죠?
천만에요. 오히려 기억력에 큰 도움이 됩니다.

1. 그는 완전히 망가졌다
   He is totally broken .

2. 우리가 무엇을 할 수 있을까 / 그를 위해 for him ?

3. 찾아보자 / 시설을 a center / 중독자들을 위한 .

4. 그리고는 ?

5. 우리는 찾아야 한다 / 마크를 Mark / 그다음엔 .

6. 그리고 가두려고 / 그를 him / 그 안에 ?

7. 그 전에, 부러뜨리다 Before that, break / 그의 다리들을 / 먼저 .

Episode 06 너 그 소식 들었어? 121

03 영어는 리듬과 강약이다.

step

한글은 가장 뛰어난 발음기호입니다.
큰 소리로 미친 듯이 반복해 말하세요.

- **히**이 **이**즈 **토**우**털**리 **브뤄큰.**
  He is totally broken.
  그는 완전히 망가졌다.

- **왓 캔 위**이 **두**우 | **포**f**어**r **힘?**
  What can we do | for him?
  우리가 무엇을 할 수 있을까 | 그를 위해?

- **을레**츠 **파**f**인**드 | 어 **쎈터**r | **포**f**어**r **애딕**츠.
  Let's find | a center | for addicts.
  찾아보자 | 시설을 | 중독자들을 위한.

- **앤**드 **덴?**
  And then?
  그리고는?

- **위**이 **슈**드 **파**f**인**드 | **마아**r**크** | **애프**f**터**r **댇.**
  We should find | Mark | after that.
  우리는 찾아야 한다 | 마크를 | 그다음엔.

- **앤**드 **을라악** | **힘** | **인 데어**r**?**
  And lock | him | in there?
  그리고 가누려고 | 그를 | 그 안에?

- **비포**f**어**r **댇, 브뤠익** | **히**즈 **을렉**스 | **퍼**f**어**r**스트.**
  Before that, break | his legs | first.
  그 전에, 부러뜨리다 | 그의 다리들을 | 먼저.

04 대화는 센스와 요령이다.
step

실전 대화는 공부가 아닙니다.
실전 대화는 센스와 요령입니다.

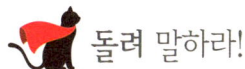

돌려 말하라!

우리말로 보기에도 복잡한 구조로 되어 있는 문장입니다. 영어로 만들어 말하려고 하면 더욱 어렵겠지요. 조금 더 쉬운 구조로 바꾸어 볼까요.

내가 ~할 수 있는지 물어보다 = 내가 ~하기를 원하다

He asked me if I could lend some money.

내가 돈을 빌려줄 수 있는지 물어보더라고.

He wanted me to lend some money.

쉽게

내게 돈을 빌리길 원하더라고.

일단 부탁한다는 말은 '원하다'로 바꿔버려도 상관없겠지요. 뜻이 통하니까요. '~인지' 역시 마찬가지입니다. 그냥 꼭 집어 '~를 원한다'라고 해도 의미에는 변화가 없잖아요.

He wanted me lend some to do it.

Want 바로 다음 동사가 아닌 사람이 나오면 '~가 ~하기를 원한다'라는 표현이 됩니다. 예문처럼 그는 '내가 ~하기를 원하기 때문에 He want 바로 다음에 me가 들어가는 것이지요. 다음 두 문장을 비교해보면 그 차이가 더 분명하게 보일 거에요.

- He **wanted** to dance. 그는 춤추기를 원했다.
- He **wanted me** to dance. 그는 내가 춤추기를 원했다.

And then

여러 가지 일이 일어날 때 순서를 나타내기 위해 사용하는 표현입니다. '그다음'이라는 뜻이지요. 회화 중에서는 '그다음에는' 하고 And then만 단독으로 사용하기도 합니다. 물론 의문문뿐만 아니라 평서문에서도 마찬가지지요.

Hey의 세 가지 의미

Hey [1]
자
사람들의 관심을 끌 때.

상황 친구들에게 무엇인가를 말하려고 한다. 먼저 친구들의 주의를 끌어야겠다.
"자, 집중!"

Hey! [2]
안녕!
친근한 인사말로 쓰임.

상황 길을 걸어가는 도중에 친구를 만났다.
"안녕! 잘 지냈어?"

Hey! [3]
우와!
놀라움을 표현할 때.

상황 놀러 간 바닷가에서 우연히 친구를 만났다. 놀랍게도 말이다.
"우와! 널 여기서 만날 것이라고는 상상도 못 했어."

EPISODE 07
"온라인 쇼핑을 하는 중이야."

01 다음 대화를 목표로
step

대화의 내용을 완전히 파악하세요.
잠시 후 이 대화를 영어로 말할 수 있게 됩니다.

뭘 **울루킹** 하고 있는 거야?
| looking 보고 있는

온라인 쇼핑을 **두우잉** 중이야.
| doing 하고 있는

뭐가 **니이드** 한데?
| need 필요하다

MP3 플레이어가 **브뤄큰** 됐거든.
| broken 망가진

그냥 스마트폰을 **바이잉** 하는 건 어때?
| buying 사는

나는 그걸 **헤잇** 해.
| hate 싫어하다

왜? 그거 정말 **유우스플**f 하다고.
| useful 유용한

넌 그것으로 **에브v뤼띵**th 을 할 수 있어.
| everything 모든 것

나도 그게 **유우스플**f 하다는 건 알지.
| useful 유용한

02 어순은 너무나 간단하다.

틀리게 쓰거나 말하면 큰일 날 것 같죠?
천만에요. 오히려 기억력에 큰 도움이 됩니다.

1 무엇을 / 너는 보고 있니 / 지금
What / / now ?

2 나는 하는 중이다 / 온라인 쇼핑을
I'm doing / .

3 무엇 / 너는 필요하니
What / ?

4 내 MP3 플레이어가 / 망가진
/ broken .

5 ~하는 건 어때 / 스마트폰을 사는 것
How about / ?

6 나는 싫어해 / 그것을
/ it .

7 왜? 그건 매우 / 유용한
/ useful .

8 너는 할 수 있다 / 모든 것을 / 그것과 함께
/ / with it .

9 나는 안다 / 이것은 유용하다
I know / .

Episode 07 온라인 쇼핑을 하는 중이야.

03 영어는 리듬과 강약이다.

step

한글은 가장 뛰어난 발음기호입니다.
큰 소리로 미친 듯이 반복해 말하세요.

- **왓** | **아ʳ유우 을루킹 엣** | **나우?**
  What | are you looking at | now?
  무엇을 | 너는 보고 있니 | 지금?

- **아이앰 두우잉** | **온라인 샤아삥.**
  I'm doing | online shopping.
  나는 하는 중이다 | 온라인 쇼핑을.

- **왓** | **두우 유우 니이드?**
  What | do you need?
  무엇 | 너는 필요하니?

- **마이 앰피뜨ᵗʰ뤼 플레이어ʳ 워어즈** | **브뤄큰.**
  My MP3 player was | broken.
  내 MP3 플레이어가 | 망가진.

- **하우 어바웃** | **바이잉 어 스마아ʳ트 포ʳ운?**
  How about | buying a smart phone?
  ~하는 건 어때 | 스마트폰을 사는 것?

- **아이 헤잇** | **이트.**
  I hate | it.
  나는 싫어해 | 그것을.

- **와이? 이츠 쏘우** | **유우스플ᶠ.**
  Why? It's so | useful.
  왜? 그건 매우 | 유용한.

  유우 캔 두우 | **에브ᵛ뤼띵ᵗʰ** | **윗 이트.**
  You can do | everything | with it.
  너는 할 수 있다 | 모든 것을 | 그것과 함께.

- **아이 노우** | **잇 이즈 유우스플ᶠ.**
  I know | it is useful.
  나는 안다 | 이것은 유용하다.

step 04 대화는 센스와 요령이다.

실전 대화는 공부가 아닙니다.
실전 대화는 센스와 요령입니다.

 비교해 말해보자!

헷갈릴 수도 있을 것 같은데요, look at과 look for의 의미는 서로 전혀 다릅니다.
look at은 '~을 보다'라는 뜻이고요, look for는 '~을 기다리다'라는 뜻이지요.

~을 보다 ≠ ~을 찾다

What are you looking at?
뭘 보고 있는 거야?

다른 표현

What are you looking for?
뭘 찾고 있는 거야?

What are you looking for?

다음 문장의 변화과정을 보세요.
- **Are you looking for me?** 나를 찾는 거야?
- Are you looking for what? 너는 무엇을 찾는 거야? (틀린 문장)
- **What are you looking for?** 너는 무엇을 찾는 거야?

What은 '무엇'이라는 의문사이기 때문에 맨 앞에 와야 합니다.

I hate it.

hate는 '몹시 싫어하다'라는 뜻을 가지고 있지만 질색할 정도로 싫어한다기보다는 통상적인 '싫음'을 나타내는 표현입니다. I don't like it보다 한 단계 더 강한 표현이라고 볼 수 있지요.

01 다음 대화를 목표로
step

대화의 내용을 완전히 파악하세요.
잠시 후 이 대화를 영어로 말할 수 있게 됩니다.

하지만, 난 그것의 **슬레이브ᵛ** 가 되고 싶진 않아.
| slave 노예

피이쁠 들을 봐.
| people 사람

모두가 항상 그것만 **을루킹 엣** 한다고.
| looking at 들여다보고 있는

 음, 그건 그래.

하지만, 몇몇 **펑ᶠ션스** 은 정말 **유우스플ᶠ** 하잖아.
| functions 기능들 | useful 유용한

예를 들자면?

뮤우직 플레이어ʳ 라든지, 메모, **스케쥴링**, 인터넷…
| music player 음악 재생 | scheduling 일정 관리

그래, **유우스플ᶠ** 하지.
| useful 유용한

하지만, 그건 **임포어ʳ튼트** 하지 않아.
| important 중요한

02 어순은 너무나 간단하다.

> 틀리게 쓰거나 말하면 큰일 날 것 같죠?
> 천만에요. 오히려 기억력에 큰 도움이 됩니다.

1 하지만 / 나는 원하지 않는다 / 노예가 되는 것을 / 이것의
But , I don't want to be a slave to it .

2 봐라 / 사람들
Look at .

3 모든 사람은 / 항상 / 보고 있다 / 이것을
always .

4 음, 그건 사실이야

5 하지만 / 몇몇 / 기능들은 / 정말 유용하다
, some .

6 예를 들어
?

7 음악 재생, 메모, 일정 관리, 인터넷…
Music player, memo, …

8 응, 이건 유용하다
Yeah, .

9 하지만, 그건 중요하지 않아

Episode 07 온라인 쇼핑을 하는 중이야. 131

03 영어는 리듬과 강약이다.
step

한글은 가장 뛰어난 발음기호입니다.
큰 소리로 미친 듯이 반복해 말하세요.

버트,	아이 더운트 원트	투 비이 어 슬레이브ᵛ	투 이트.
But,	I don't want	to be a slave	to it.
하지만,	나는 원하지 않는다	노예가 되는 것을	이것의.

ᵘ루욱 엣	더 피이쁠.
Look at	the people.
봐라	사람들.

에브ᵛ뤼원 이즈	어얼웨이즈	ᵘ루킹 엣	이트.
Everyone is	always	looking at	it.
모든 사람은	항상	보고 있는	이것을

- 엄, 댓츠 트루우.
  Um, that's true.
  음, 그건 사실이야.

버트,	썸	펑ᶠ션스 아ʳ	뤼얼리 유우스플ᶠ.
But,	some	functions are	really useful.
하지만,	몇몇	기능들은	정말 유용하다.

- 포ᶠ어ʳ 이그잼플?
  For example?
  예를 들어?

- 뮤우직 플레이어ʳ, 메모우, 스케쥴링, 인터ʳ네트…
  Music player, memo, scheduling, internet…
  음악 재생, 메모, 일정 관리, 인터넷…

- 예아, 이츠 유우스플ᶠ.
  Yeah, it's useful.
  응, 이건 유용하다.

  버트, 이츠 나앗 임포어ʳ튼트.
  But, It's not important.
  하지만, 이건 중요하지 않아.

04 대화는 센스와 요령이다.
step

실전 대화는 공부가 아닙니다.
실전 대화는 센스와 요령입니다.

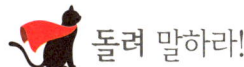

돌려 말하라!

'기능'이라는 단어가 좀 어려운 것 같네요. 다른 말로 표현해 볼까요.
모든 기능이 담겨있다는 말은 곧 그것으로 뭐든지 다 할 수 있다는 말과도 같겠지요.

모든 기능 = 뭐든지

Every functions are in that. 💬

그 안에 모든 기능이 담겨있다고.

You can do **everything** with it.

너는 그것으로 뭐든 다 할 수 있어.

쉽게

💬 **Every functions are in that.**

얼마나 자주 어떤 일을 하는지를 말하는 부사들은 '빈도 부사'라고 부릅니다.

always	100%	항상
usually	80%	보통, 대게
often	50%	자주
sometimes	30%	가끔
seldom=rarely	10%	좀처럼 하지 않는다
never	0%	절대 하지 않는다

That's true.

There is that이라고 말할 수도 있습니다. 상대방의 말에 동의할 때 사용하는 표현이지요.

01 다음 대화를 목표로

step

대화의 내용을 완전히 파악하세요.
잠시 후 이 대화를 영어로 말할 수 있게 됩니다.

난 그게 **더운트 니이드** 해.
| don't need 필요하지 않다.

뭐, 네가 그렇게 **띵th크** 한다면야.
| think 생각하다

그래서, **위취** 모델을 **을루킹 포^f어^r** 하고 있는데?
| which 어떤 | looking for 찾다

디자인이 **모우스트 임포어^r튼트** 하지.
| most important 가장 중요한

하지만, **쿠울** 한 걸 못 찾겠어.
| cool 괜찮은

아이팟은 어때?

그건 너무 **익쓰펜쓰이브^v** 하다고.
| expensive 비싼

난 그냥 **치입** 하고 **쓰임플** 한 것을 찾고 있어.
| cheap 싼 | simple 단순한

내게 **오울드** 한 아이팟이 하나 있어.
| old 오래된

02 어순은 너무나 간단하다.
step

틀리게 쓰거나 말하면 큰일 날 것 같죠?
천만에요. 오히려 기억력에 큰 도움이 됩니다.

1 나는 이것이 필요하지 않아
   I don't need it .

2 뭐, 만약 네가 생각한다면   그렇게
        so .

3 그래서, 어떤 모델을   너는 찾고 있니
        are you looking for ?

4 디자인이   가장 중요하다
   Design is .

5 하지만 , 나는 못 찾겠다   (하나의) 괜찮은 것을
   But , .

6 어때   아이팟은
        I-pod ?

7 그건 너무 비싸다
   .

8 나는 찾고 있다   (하나의) 간단한   그리고   싼 것을
        and .

9 나는 가지고 있다   (하나의) 오래된 아이팟을
   I have .

step 03 영어는 리듬과 강약이다.

한글은 가장 뛰어난 발음기호입니다.
큰 소리로 미친 듯이 반복해 말하세요.

- **아이 더운트 니이드 이트.**
  I don't need it.
  나는 이것이 필요하지 않아.

- **웰, 이프ᶠ 유우 띵ᵗʰ크   쏘우.**
  Well, if you think   so.
  뭐, 만약 네가 생각한다면   그렇게.

  쏘우, 위취 마아들 | 아ʳ 유우 을루킹 포ᶠ어ʳ?
  So, which model | are you looking for?
  그래서, 어떤 모델을 | 너는 찾고 있니?

- **디쟈인 이즈   더 모우스트 임포어ʳ튼트.**
  Design is   the most important.
  디자인이   가장 중요하다.

  버트,   아이 캐엔트 파ᶠ인드 | 어 쿠울 원.
  But,   I can't find | a cool one.
  하지만, 나는 못 찾겠다 | (하나의) 괜찮은 것을.

- **하우 어바웃 | 아이팟?**
  How about | I-pod?
  어때 | 아이팟은?

- **댓츠 투우 익쓰펜쓰이브ᵛ.**
  That's too expensive.
  그건 너무 비싸다.

  아이 앰 을루킹 포ᶠ어ʳ | 어 쓰임플 | 앤드 | 치입 원.
  I am looking for | a simple | and | cheap one.
  나는 찾고 있다 | (하나의) 간단한 | 그리고 | 싼 것을.

- **아이 해브ᵛ | 언 오울드 아이팟.**
  I have | an old I-pod.
  나는 가지고 있다 | (하나의) 오래된 아이팟을.

step 04 대화는 센스와 요령이다.

실전 대화는 공부가 아닙니다.
실전 대화는 센스와 요령입니다.

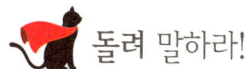 돌려 말하라!

물건을 구입할 때 어떤 기준에 따라 구입하시나요? 가격이든, 질이든, 디자인이든 누구나 그 기준은 다르겠지요. 그리고 그 기준에 대해서, 여기에서처럼 '~이 가장 중요해'라고 말할 수 있겠군요. 하지만 이 말을 하려면 최상급 표현을 사용해야 하니…

디자인이 가장 중요하지 = 난 예쁜 것을 원해

Design is the most important.
디자인이 가장 중요하지.

 쉽게

I want a beautiful one.
난 예쁜 것을 원해.

이처럼 구체적으로 '난 어떤 것을 원해'라고 꼭 집어 말해도 되겠죠. '가격이 가장 중요하지'라는 말은 '난 싼 것을 원해'라는 말과 같고요.

I want a beautiful one.

One의 첫 번째 기능은 이렇게 '아무거나 하나'를 가리키는 것입니다. 그런데 이보다 더 중요한 두 번째 기능이 있습니다. 형용사의 수식을 받아 '~한 것'을 가리킬 수 있죠.

big one 큰 것	new one 새 것	yellow one 노란 것
big ones 큰 것들	new ones 새 것들	yellow ones 노란 것들

That's too expensive

Too는 '너무 ~하다'라는 강조표현입니다. 약간 부정적인 뉘앙스를 가지고 있는 표현이기 때문에 too~to '너무 ~해서 ~할 수 없다'라는 구문으로도 종종 사용됩니다.

01 다음 대화를 목표로
step

대화의 내용을 완전히 파악하세요.
잠시 후 이 대화를 영어로 말할 수 있게 됩니다.

아, 그거 나한테 **쎌** 할래?
| sell 팔다

그냥 **테익** 해. 어차피 난 **유우즈** 하지 않아.
| take 가지다 | use 사용하다

아, 고마워. 그럼 내가 **트륏** 한 번 할게.
| treat 대접하다

음… 그럼 **어 버어틀 어브ᵛ 비어ʳ** 나 사줘.
| a bottle of beer 맥주 한 병

좋아. 언제 **프'뤼이** 해?
| free 한가한

바로 지금?

좋아. 가자!

02 어순은 너무나 간단하다.
step

틀리게 쓰거나 말하면 큰일 날 것 같죠?
천만에요. 오히려 기억력에 큰 도움이 됩니다.

1 아, 너 그거 팔래 / 나에게
Oh, will you sell it / to me .

2 그냥 가져. 난 사용하지 않는다 / 이것을 / 어차피
( ) it ( ) .

3 아, 고마워 / 나는 대접할 것이다 / 너를
Wow, . ( ) you .

4 음… 그럼, 나를 대접해줘 / 맥주 한 병
Hmm… ( ) a bottle of beer .

5 언제 / 너는 한가해
When ( ) ?

6 바로 지금
( ) ?

7 좋아. 가자
( ) !

Episode 07 온라인 쇼핑을 하는 중이야. 139

03 영어는 리듬과 강약이다.

step

한글은 가장 뛰어난 발음기호입니다.
큰 소리로 미친 듯이 반복해 말하세요.

- **오우, 윌 유우 쎌 잇 | 투 미이?**
  Oh, will you sell it | to me?
  아, 너 그거 팔래 | 나에게?

- **저스트 테익 이트. 아이 더운트 유우즈 | 잇 | 애니웨이.**
  Just take it. I don't use | it | anyway.
  그냥 가져. 난 사용하지 않는다 | 이것을 | 어차피.

- **와우, 땡ᵗʰ크 유우. | 아이일 트륏 | 유우.**
  Wow, thank you. | I'll treat | you.
  아, 고마워. | 나는 대접할 것이다 | 너를.

- **흐음… 덴, 트륏 미이 | 어 버어틀 어브ᵛ 비어ʳ.**
  Hmm… Then, treat me | a bottle of beer.
  음… 그럼, 나를 대접해줘 | 맥주 한 병.

- **웬 | 아ʳ 유우 ㅍf뤼이?**
  When | are you free?
  언제 | 너는 한가해?

- **롸잇 나우?**
  Right now?
  바로 지금?

- **오우케이. 을렛츠 고우!**
  Okay. Let's go!
  좋아. 가자!

04 대화는 센스와 요령이다.
step

실전 대화는 공부가 아닙니다.
실전 대화는 센스와 요령입니다.

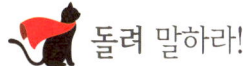 돌려 말하라!

Treat는 '대접하다'라는 뜻의 동사인데요, I will treat you라고 하면 '식사 한번 대접하겠다.'라는 뜻이 되지요. 그러나 이 단어를 모른다면 우리말을 영어로 옮긴 표현 그대로 말한다 해도 상관없습니다. '사다'라는 뜻의 단어인 buy를 써서요.

대접할게 = 살게

I will treat you.

식사 한번 대접할게.

I'll buy you a dinner(a lunch, a meal).

내가 저녁을 살게.

Hmm... Then, treat me a bottle of beer.

맥주나 커피 등은 직접 셀 수 없기 때문에 단위를 이용해서 수를 셉니다.

a bottle of beer 한 병의 맥주
a cup of coffee 한 잔의 커피
two bottles of beer 두 병의 맥주
two cups of coffee 두 잔의 커피

Would you sell it?

Will you sell it? 대신 Would you sell it?이라고 하면 조금 더 정중한 표현이 됩니다.

Never mind의 세 가지 의미

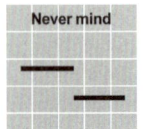

Never mind ❶
상관없어
어떤 의견이나 문제점이 별로 중요하지 않은 것이라고 말할 때.

상황 친구가 자신이 살이 찐 것 같지 않으냐고 당신에게 물어본다.
사실 살이 찐 것 같기도 하지만, 그래도 나쁘진 않다.

"살이 조금 찐 것 같긴 한데, 상관없어. 넌 여전히 괜찮아 보여."

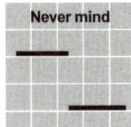

Never mind ❷
신경 쓰지 마세요
불안해하거나 걱정하지 말라며 누군가에게 충고할 때.

상황 사람들이 가득 찬 버스 안. 누군가가 당신의 발을 밟고는 미안하다며 사과를 한다.
조금 아프기는 하지만, 괜찮다.

"신경 쓰지 마세요, 전 괜찮아요."

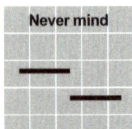

Never mind ❸
신경 쓰지 마
질문에 대해 대답하기를 거부할 때.

상황 어디에 가느냐고 친구가 묻는다. 하지만 당신은 별로 알려주고 싶지 않다.

"내가 어딜 가든, 신경 쓰지 마."

EPISODE 08
"돈 좀 빌려줄 수 있어?"

01 다음 대화를 목표로
step

대화의 내용을 완전히 파악하세요.
잠시 후 이 대화를 영어로 말할 수 있게 됩니다.

저기, 돈 좀 **올렌드** 해 줄 수 있어?
| lend 빌려주다

얼마나?

오백 달러 정도.

언제 **페이 배액** 할 수 있는데?
| pay back 돈을 갚다

다음 **페이데이** 에 갚을게.
| payday 월급날

넥스트 먼뜨th 15일에.
| next month 다음 달

뭐 **바이** 하게?
| buy 사다

그냥… 베이컨이나, 우유나, 뭐 그런 것들.

올리빙ᵛ **익쓰펜쓰스** 가 부족하거든…
| living expenses 생활비

step 02 어순은 너무나 간단하다.

틀리게 쓰거나 말하면 큰일 날 것 같죠?
천만에요. 오히려 기억력에 큰 도움이 됩니다.

1 저기, 빌려줄 수 있니 / 나에게 / 조금의 돈을
Hey, can you lend / me / some money ?

2 얼마나
?

3 오백 달러 정도
About .

4 언제 / ~ 할 수 있니 / 갚다 / 돈을
/ / / the money ?

5 나는 돌려줄 것이다 / 나의 다음 월급날에
/ on my next payday .

6 다음 달 15일에
15th, .

7 살거야 / 무엇
/ something ?

8 그냥… 베이컨이나, 우유나, 뭐 그런 것들
Just… .

9 나는 부족하다 / 돈이 / 생활비를 위한
/ of money / …

Episode 08 돈 좀 빌려줄 수 있어? 145

03 영어는 리듬과 강약이다.

한글은 가장 뛰어난 발음기호입니다.
큰 소리로 미친 듯이 반복해 말하세요.

- **헤이, 캔 유우 을렌드 | 미이 | 썸 머니?**
  Hey, can you lend | me | some money?
  저기, 빌려줄 수 있니 | 나에게 | 조금의 돈을?

- **하우 머춰?**
  How much?
  얼마나?

- **어바웃 피ᶠ프ᶠ티 헌드뤠즈 달러ʳ스.**
  About fifty hundreds dollars.
  오백 달러 정도.

- **웬 | 캔 유우 | 페이 배액 | 더 머니?**
  When | can you | pay back | the money?
  언제 | ~ 할 수 있니 | 갚다 | 돈을?

- **아이 윌 뤼터ʳ언 | 어언 마이 넥스트 페이데이.**
  I will return | on my next payday.
  나는 돌려줄 것이다 | 나의 다음 월급날에.

  퓌ᶠ프ᶠ틴ㄸth, 넥스트 먼ㄸth.
  15th, next month.
  다음 달 15일에.

- **윌 유우 바이 | 썸띵th?**
  Will you buy | something?
  살거야 | 무엇?

- **저스트… 베이컨, 미일크, 오어ʳ 애니띵th.**
  Just… bacon, milk, or anything.
  그냥… 베이컨이나, 우유나, 뭐 그런 것들.

  아이앰 쇼오ʳ엇 | 어브ᵛ 머니 | 포ᶠ어ʳ 을리빙ᵛ 익쓰펜쓰스…
  I'm short | of money | for living expenses…
  나는 부족하다 | 돈이 | 생활비를 위한…

04 대화는 센스와 요령이다.
step

실전 대화는 공부가 아닙니다.
실전 대화는 센스와 요령입니다.

 돌려 말하라!

물건을 사면 돈을 **pay**해야 하지요. 이렇게 **pay**는 내야 할 의무가 있는 돈을 내는 것입니다.
돈을 빌렸으면 당연히 갚아야 하지 않겠어요?

네가 빌렸던 돈 = 그것

When can you pay back the money?

돈을 언제 갚을 수 있어?

 **When can you return that?**

언제 돌려줄 수 있는데?

Pay back 역시 우리가 아는 다른 단어를 대신 쓸 수 있을 것 같습니다. Return 말이에요.

When can you return that?

Return은 단어 자체가 '돌아가다'라는 의미를 가지고 있습니다. 한 번 건네주었던 돈이 다시 돌아오는 것이니 pay back 대신 return을 쓸 수도 있습니다.

Payday

일한 대가로 받는 보수를 '페이(pay)'라고 하잖아요. 보수를 받는 날, '월급날'은 payday라고 표현하면 됩니다.

01 다음 대화를 목표로
step

대화의 내용을 완전히 파악하세요.
잠시 후 이 대화를 영어로 말할 수 있게 됩니다.

너 돈 잘 **메익** 하잖아.
| make 벌다

내가 너보다 **푸우어ʳ** 할 텐데.
| poorer 더 가난한

하지만, 난 하우스 푸어잖아.

하우스 푸어가 뭔데?

음… 나 **을래스트 이이어ʳ** 에 집을 **보웃** 했었잖아.
| last year 작년 | bought 샀다

내겐 너무 **익쓰펜쓰이브ᵛ** 했지.
| expensive 비싼

그래서 **뱅크** 로부터 돈을 **버뤄우드** 했었어.
| bank 은행 | borrowed 빌렸다

그리고 지금은 그 돈을 **먼뜰ᵗʰ리** 갚고 있지.
| monthly 다달이

그게 거의 내 **쌜러뤼** 의 3분의 1이란 말이야.
| salary 월급

02 어순은 너무나 간단하다.
step

틀리게 쓰거나 말하면 큰일 날 것 같죠?
천만에요. 오히려 기억력에 큰 도움이 됩니다.

1 너는 번다 / 많은 양의 / 돈을
You make / a lot of / money .

2 나는 더 가난하다 / 너보다
I'm poorer / .

3 하지만, 난 하우스 푸어다
But, .

4 하우스 푸어가 뭔데
?

5 음… 나는 샀다 / (하나의) 집을 / 작년에
Hmm… I bought .

6 이것은 너무 비쌌다 / 나에게
for me .

7 그래서 나는 빌렸다 / 돈을 / 은행으로부터
money .

8 그리고 지금, 나는 되돌려 주고 있다 / 이것을 / 매달
And now, .

9 이것은 거의 / 3분의 1 / 내 월급의
a third .

Episode 08 돈 좀 빌려줄 수 있어? 149

03 영어는 리듬과 강약이다.
step

한글은 가장 뛰어난 발음기호입니다.
큰 소리로 미친 듯이 반복해 말하세요.

- **유우 메익** | **어 을라앗 어브ᵛ** | **머니.**
  You make | a lot of | money.
  너는 번다 | 많은 양의 | 돈을.

  아이앰 푸우어ʳ | **댄 유우.**
  I'm poorer | than you.
  나는 더 가난하다 | 너보다.

- **버트, 아이앰 어 하우ㅅ 푸어.**
  But, I'm a house-poor.
  하지만, 난 하우스 푸어다.

- **왓 이ㅈ 어 하우ㅅ 푸어?**
  What is a house-poor?
  하우스 푸어가 뭔데?

- **흐음… 아이 보웃** | **어 하우ㅅ** | **을래ㅅ트 이이어ʳ.**
  Hmm… I bought | a house | last year.
  음… 나는 샀다 | (하나의) 집을 | 작년에.

  잇 워어ㅈ 쏘우 익ㅆ펜ㅆ이브ᵛ | **포ᶠ어ʳ 미이.**
  It was so expensive | for me.
  이것은 너무 비쌌다 | 나에게.

  쏘우 아이 버뤄우드 | **머니** | **프ᶠ롸ㅁ 어 뱅크.**
  So I borrowed | money | from a bank.
  그래서 나는 빌렸다 | 돈을 | 은행으로부터.

  앤ㄷ 나우, 아이 앰 뤼터ʳ어닝 | **잇** | **먼뜰ᵗʰ리.**
  And now, I am returning | it | monthly.
  그리고 지금, 나는 되돌려 주고 있다 | 이것을 | 매달.

  잇 이ㅈ 어얼모우ㅅㅌ | **어 떠ᵗʰ/ʳㄷ** | **어브ᵛ 마이 쌜러뤼.**
  It is almost | a third | of my salary.
  이것은 거의 | 3분의 1 | 내 월급의.

step 04 대화는 센스와 요령이다.

실전 대화는 공부가 아닙니다.
실전 대화는 센스와 요령입니다.

 돌려 말하라!

Short는 생각보다 쓰임이 많은 단어입니다.
길이를 나타내는 '짧다'라는 뜻 외에 '부족하다'는 뜻도 있습니다.

부족하다 = 충분하게 가지고 있지 않다

I'm **short of** money for living expenses.

생활비로 사용할 돈이 부족해.

쉽게

It is **not enough** money for living expenses.

생활하는데 필요한 돈이 충분하지 않아.

위처럼 바꾼 뒤 그것을 다시 영어로 옮기면 이렇게 되겠군요. I don't have enough money to live.

🗨️ It is not enough money for living expenses.

Enough A to B는 'B 하기 충분한 A'로 해석할 수 있습니다. I have enough time to study라고 하면 '나는 공부하기에 충분한 시간이 있다'라는 뜻이 되는 것이지요.

Salary

'너 돈 잘 벌잖아'라는 말은 이렇게도 표현할 수 있습니다. You make a good salary. Salary는 '월급, 급여'라는 뜻인데요, '너 월급 많이 받잖아'라는 정도의 뉘앙스가 되겠군요.

01 다음 대화를 목표로
step

대화의 내용을 완전히 파악하세요.
잠시 후 이 대화를 영어로 말할 수 있게 됩니다.

🧑 그러니까, 난 내 집 때문에 **푸우어ʳ** 한 거지.
| poor 가난한

그것참 안됐네. 👷

🧑 이 **쓰이티** 에선 **하우스 프라이쓰스** 가 너무 비싸.
| city 도시 | house prices 집값

🧑 나 같은 **피이쁠** 이 많이 있지.
| people 사람들

🧑 하우스 푸어는 그런 사람들을 **미인즈** 하는 거야.
| means 의미하다

얼마나 더 **페이 배크** 해야 하는데? 👷
| pay back 돈을 갚다

🧑 십 년 정도.

십 년이라고? 세상에나… 👷

🧑 내가 **자아브** 을 **쿠윗** 하지 못하는 이유이기도 하고.
| job 일 | quit 그만두다

152

02 어순은 너무나 간단하다.
step

틀리게 쓰거나 말하면 큰일 날 것 같죠?
천만에요. 오히려 기억력에 큰 도움이 됩니다.

1 그러니까, 나는 가난하다 / 내 집 때문에
So, I'm poor / because of my house .

2 그것참 안됐네
.

3 이 도시에선, 집값이 / 너무 비싸
In this city, / .

4 많은 사람이 있다 / 나 같은
/ like me .

5 하우스푸어는 의미한다 / 어떤 사람들 / 그들 같은
House-poor means / / .

6 얼마나 더 오래 / 너는 해야 하니 / 돈을 갚는 것을
/ / pay back ?

7 십 년 정도
.

8 십 년이라고? 세상에나
...

9 그리고 그것이 이유이다 / 내가 그만두지 못하는 / 내 일을
/ / my job .

Episode 08 돈 좀 빌려줄 수 있어? 153

03 영어는 리듬과 강약이다.

> 한글은 가장 뛰어난 발음기호입니다.
> 큰 소리로 미친 듯이 반복해 말하세요.

- **쏘우, 아이앰 푸우어r** | **비커어즈 어브ˇ 마이 하우ㅅ.**
  So, I'm poor | because of my house.
  그러니까, 나는 가난하다 | 내 집 때문에.

- **이ㅊ 어 피티.**
  It's a pity.
  그것참 안됐네.

- **인 디ㅆ ㅆ이티, 하우ㅅ ㅍ라이ㅆㅅ 아r** | **투우 익ㅆ펜ㅆ이브ˇ.**
  In this city, house prices are | too expensive.
  이 도시에선, 집값이 | 너무 비싸.

- **데어r 아r 메니 피이쁠** | **ㄹ라익 미이.**
  There are many people | like me.
  많은 사람이 있다 | 나 같은.

- **하우ㅅ 푸어 미인ㅈ** | **썸원** | **ㄹ라익 뎀.**
  House-poor means | someone | like them.
  하우스푸어는 의미한다 | 어떤 사람들 | 그들 같은.

- **하우 머춰 ㄹ로옹거r** | **두우 유우 해브ˇ 투** | **페이 배ㅋ?**
  How much longer | do you have to | pay back?
  얼마나 너 오래 | 너는 해야 하니 | 돈을 갚는 것을?

- **어바웃 텐 이이어rㅅ.**
  About 10 years.
  십 년 정도.

- **텐 이이어rㅅ? 왓 더…**
  10 years? What the…
  십 년이라고? 세상에나…

- **앤드 댓ㅊ 와이** | **아이 캐엔ㅌ 쿠윗** | **마이 자아브.**
  And that's why | I can't quit | my job.
  그리고 그것이 이유이다 | 내가 그만두지 못하는 | 내 일을.

04 대화는 센스와 요령이다.
step

실전 대화는 공부가 아닙니다.
실전 대화는 센스와 요령입니다.

🐱 틀리기 쉬운 표현!

'대출'이라고 하니 괜히 어려워 보이네요. 사실 하나도 어려울 것 없는 단어인데 말이에요. 결국엔 돈을 빌렸다는 뜻이잖아요. 이렇게 바꿀 수 있을 것 같네요.

대출 받다 = 돈을 빌리다

So I **got a loan** at a bank.

그래서 은행에서 대출을 받았었어.

쉽게

So I **borrowed money** from a bank.

그래서 은행으로부터 돈을 빌렸어.

'빌리다'라는 뜻의 동사는 Borrow입니다. '은행으로부터'라는 말은 from a bank라고 하면 간단하게 표현할 수 있고요.

So I borrowed money from a bank.

Borrow와 lend는 종종 혼동되는 단어입니다. Borrow는 빌리는 것이고 lend는 빌려주는 것이라 자칫 의미가 완전 달라질 수 있으니 주의해야 합니다.

- I will borrow money from a bank. 나는 은행으로부터 돈을 빌릴거야.
- Bank will lend me money. 은행은 나에게 돈을 빌려줄거야.

That's why ~

That's why~는 어떤 일에 대한 이유를 설명할 때 사용하는 표현입니다. 변명할 일이 있을 때도 이 표현이 유용하게 쓰이겠네요.

Episode 08 돈 좀 빌려줄 수 있어? 155

01 다음 대화를 목표로

step

대화의 내용을 완전히 파악하세요.
잠시 후 이 대화를 영어로 말할 수 있게 됩니다.

피티 가이 같으니라고…
| pity guy 불쌍한 녀석

맞아. 난 네가 **엔비ᵛ** 해.
| envy 부러워하다

내가 이 **쓰이티** 에서 **보어ʳ언** 해서?
| city 도시　　| born 태어나다

응.

하지만, 나도 **프롸이스** 를 **패잉** 하고 있지.
| price 대가　　| paying 지급하는

난 **패뤈츠** 와 함께 **을리브ᵛ** 해야 하잖아!
| parents 부모님　　| live 살다

02 어순은 너무나 간단하다.
step

틀리게 쓰거나 말하면 큰일 날 것 같죠?
천만에요. 오히려 기억력에 큰 도움이 됩니다.

1 불쌍한 녀석 같으니라고
   You pity guy ...

2 맞아. 나는 부럽다 / 네가
   ( ) (you) .

3 ~때문에 / 나는 태어났다 / 이 도시에서
   Because ( ) ( ) ?

4 응
   ( ) .

5 하지만 / 나 또한 지급하고 있다 / 비용을
   But , ( ) ( ) .

6 나는 ~해야 한다 / 살다 / 나의 부모님과 함께
   ( ) live ( ) !

03 영어는 리듬과 강약이다.
step

한글은 가장 뛰어난 발음기호입니다.
큰 소리로 미친 듯이 반복해 말하세요.

- **유우 피티 가이…**
  You pity guy…
  불쌍한 녀석 같으니라고…

- **롸이트. 아이 엔비ᵛ 유우.**
  Right. I envy you.
  맞아. 나는 부럽다 네가.

- **비커어즈 아이 워어즈 보어「언 인 디쓰 쓰이티?**
  Because I was born in this city?
  ~때문에 나는 태어났다 이 도시에서?

- **예쓰.**
  Yes.
  응.

- **버트, 아이 앰 어얼쏘우 패잉 더 프라이쓰.**
  But, I am also paying the price.
  하지만, 나 또한 지급하고 있다 비용을.

  아이 해브ᵛ 투 을리브ᵛ 윗 마이 패뤈츠!
  I have to live with my parents!
  나는 ~해야 한다 살다 나의 부모님과 함께!

step 04 대화는 센스와 요령이다.

실전 대화는 공부가 아닙니다.
실전 대화는 센스와 요령입니다.

 돌려 말하라!

내 처지도 너와 같다는 이야기를 하고 싶다는 거잖아요. 그리고 '너'는, 앞에서 말했다시피 '불쌍한 녀석'이고요. 그러니 그냥, '나도 네 처지와 비슷해, 나도 불쌍한 녀석이야'라고만 해도 되겠군요.

대가를 지불하다 = 공짜가 아니야

But, I am also paying the price.

하지만 나도 대가를 지급하고 있지.

 쉽게

It's not free.

그건 공짜가 아니야

'대가를 지불하다'라는 말은 이렇게 표현할 수 있습니다. **Pay the price**. Pay는 '지불하다'라는 뜻이고, **price**는 '가격, 값'이라는 뜻이지요.

I was born in + 장소

Be born in~은 뒤에 오는 표현에 따라 다양하게 사용할 수 있습니다. 예문처럼 장소가 오면 '~에서 태어났다'는 표현이 되지만, 숫자가 오면 태어난 년도를 말하는 표현이 되거든요.

I was born in Seoul. 나는 서울에서 태어났어.
I was born in 1990. 나는 1990년에 태어났어.

Okay의 세 가지 의미

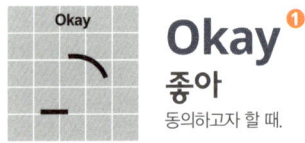

Okay ❶
좋아
동의하고자 할 때.

상황 친구가 영화를 보자고 한다. 좋은 생각인 것 같다.

"좋아, 좋은 생각이야!"

Okay ❷
알았어
허락하고자 할 때.

상황 친구와 약속을 잡는 중. 친구가 학교 앞으로 자신을 데리러 와 줄 수 있겠느냐 묻는다.

"그래, 알았어."

Okay ❸
자, 그럼
발언을 시작할 때.

상황 동창회에서 가서 말 한마디 없이 앉아만 있었더니, 친구들이 말 좀 하라며 부추긴다. 이제 이야기를 좀 풀어 놓으려고 한다.

"자, 그럼 이제부터 내 이야기를 좀 해볼게."

EPISODE 09
"나도 참 운이 없는 것 같아."

01 다음 대화를 목표로
step

대화의 내용을 완전히 파악하세요.
잠시 후 이 대화를 영어로 말할 수 있게 됩니다.

왜 **올렉** 에 **밴디즈** 를 감고 있는 거야?
| leg 다리　| bandage 붕대

뭐, **브뤄큰** 했으니까.
| broken 부러진

 무슨 일이 **해픈드** 했었는데?
| happened 발생했다

나도 참 **언럭키** 한 것 같아.
| unlucky 불행한

오늘 아침 **오우버ᵛ/ʳ슬렙트** 했어.
| overslept 늦잠 잤다

알람이 **워어ʳ크** 하지 않았거든.
| work 작동하다

허어뤼 업프 해야만 했지.
| hurry up 서두르다

그러다가, **배뜨ᵗʰ루움** 에서 **슬립드** 하고 말았어.
| bathroom 화장실　| slipped 미끄러졌다

 그때 다리가 **브뤄큰** 된 거야?
| broken 부러진

02 어순은 너무나 간단하다.
step

틀리게 쓰거나 말하면 큰일 날 것 같죠?
천만에요. 오히려 기억력에 큰 도움이 됩니다.

1 왜 / 너의 다리가 / 붕대 안에 있니
Why / is your leg / in a bandage ?

2 뭐, 이것은 부러졌다
Well, _____ .

3 무엇 / 발생했니
What / _____ ?

4 나는 생각한다 / 나는 / 운이 없는 사람이라고
_____ / I am / _____ .

5 나는 늦잠 잤다 / 오늘 아침
_____ / this morning .

6 왜냐하면 / 나의 알람이 / 작동하지 않았다
_____ / my alarm / _____ .

7 나는 ~해야 했다 / 서두르다
_____ / hurry up .

8 그러다가, 나는 미끄러졌다 / 화장실에서
_____ / at the bathroom .

9 너의 다리가 부러졌니 / 그때
_____ / at that time ?

Episode 09 나도 참 운이 없는 것 같아. 163

step 03 영어는 리듬과 강약이다.

한글은 가장 뛰어난 발음기호입니다.
큰 소리로 미친 듯이 반복해 말하세요.

- **와이 | 이즈 유어ʳ ㄹ렉 | 인 어 밴디즈?**
  Why | is your leg | in a bandage?
  왜 | 너의 다리가 | 붕대 안에 있니?

- **웰, 잇 워어즈 ㅂ뤄큰.**
  Well, it was broken.
  뭐, 이것은 부러졌다.

- **왓 | 해픈ㄷ?**
  What | happened?
  무엇 | 발생했니?

- **아이 띵ᵗʰ크 | 아이 앰 | 언 언럭키 가이.**
  I think | I am | an unlucky guy.
  나는 생각한다 | 나는 | 운이 없는 사람이라고.

  아이 오우버ᵛ/ʳ슬렙ㅌ | 디쓰 모어ʳ닝.
  I overslept | this morning.
  나는 늦잠 잤다 | 오늘 아침.

  비커어즈 | 마이 알라아ʳ암 | 디든ㅌ 워어ʳ크.
  Because | my alarm | didn't work.
  왜냐하면 | 나의 알람이 | 작동하지 않았다.

  아이 해드 투 | 허어뤼 업ㅍ.
  I had to | hurry up.
  나는 ~해야 했다 | 서두르다.

  덴, 아이 슬립ㅌ | 엣 더 배ㄸᵗʰ루움.
  Then, I slipped | at the bathroom.
  그러다가, 나는 미끄러졌다 | 화장실에서.

- **이즈 유어ʳ ㄹ렉 ㅂ뤄큰 | 엣 대앳 타임?**
  Is your leg broken | at that time?
  너의 다리가 부러졌니 | 그때?

164

04 대화는 센스와 요령이다.
step

실전 대화는 공부가 아닙니다.
실전 대화는 센스와 요령입니다.

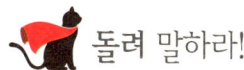 돌려 말하라!

친구가 옆에서 너무 과하게 행동하면 우리가 자주 쓰는 표현이 있지요. '야, 오버하지 마.'
에서 '오버'가 '자다'라는 뜻의 sleep 앞에 있으면 '늦잠자다'라는 단어가 됩니다.

늦잠자다 = 늦게 일어났어

I overslept this morning.

오늘 아침 늦잠을 잤거든.

I got up late in this morning.

오늘 아침에 늦게 일어났어.

쉽게

'늦잠자다'를 한 단어로 하면 oversleep입니다. Get up late, '늦게 일어났다'고 풀어
서 표현해도 상관없고요.

I got up late in this morning.

Get up은 '일어나다'라는 뜻을 가진 숙어입니다. Late가 왔기 때문에 늦잠을 잤다는 oversleep
과 같은 의미로 쓰였지만 '일찍'이라는 뜻의 early가 오면 정반대의 의미가 됩니다.

What happened?

정말 어떤 일이 일어났는지 전말을 묻기보다는 우리말의 '무슨일이야?'와 같은 뉘앙스의 표현입니다.
어제까지 멀쩡하던 친구가 갑자기 다리에 깁스를 하고 왔다거나 할 때 쓸 수 있는 표현이지요.

01 다음 대화를 목표로

step

대화의 내용을 완전히 파악하세요.
잠시 후 이 대화를 영어로 말할 수 있게 됩니다.

아니. 그게 **엔드** 가 아니었어.
| end 끝

 계속해봐.

더 **워어ʳ스 띵ᵗʰ** 이 나를 **웨이팅** 하고 있었지.
| worse thing 더 나쁜 일 | waiting 기다리는

난 서둘러 **버쓰 스따압** 으로 향했어.
| bus stop 버스 정류장

마침 버스가 **어롸이브ᵛ드** 했어.
| arrived 도착했다

난 그걸 **테익** 하려고 **뤤** 하고, **뤤** 했다.
| take 잡다 | ran 달렸다

그러다가⋯ **댐!** 또 **슬립드** 하고 말았어!
| damn 젠장 | slipped 넘어졌다

 이런. 그때 **허어ʳ트** 한 거로군.
| hurt 다쳤다

엔드 가 아니야!
| end 끝

02 어순은 너무나 간단하다.
step

틀리게 쓰거나 말하면 큰일 날 것 같죠?
천만에요. 오히려 기억력에 큰 도움이 됩니다.

1 아니, 이것은 ~이 아니었다 / 끝이
   Nope. It was not / the end .

2 계속해봐

3 더 나쁜 일이 ~였다 / 기다리는 / 나를 위해 for me .

4 나는 갔다 / 버스정류장으로 / 서둘러서
   I went

5 버스가 / 마침 just / 도착했다

6 나는 달리고, 달렸다 / 그것을 잡으려고
   I ran and ran

7 그러다가… 젠장! 나는 넘어졌다 / 또
   Then… Damn! !

8 이런, 너는 다쳤군 / 그때
   Ooops,

9 끝이 아니다
   !

Episode 09 너도 참 운이 없는 것 같아. 167

step 03 영어는 리듬과 강약이다.

한글은 가장 뛰어난 발음기호입니다.
큰 소리로 미친 듯이 반복해 말하세요.

- **노우ㅍ. 잇 워어ㅈ 나앗** | **디 엔ㄷ.**
  Nope. It was not | the end.
  아니. 이것은 ~이 아니었다 | 끝이.

- **키입 고우잉.**
  Keep going.
  계속해봐.

- **더 워어「ㅅ 띵ᵗʰ 워어ㅈ** | **웨이팅** | **ㅍᶠ어「 미이.**
  The worse thing was | waiting | for me.
  더 나쁜 일이 ~였다 | 기다리는 | 나를 위해.

  아ᵢ 웬트 | **투 더 버ㅆ ㅅ따압** | **인 어 허어뤼.**
  I went | to the bus stop | in a hurry.
  나는 갔다 | 버스정류장으로 | 서둘러서.

  더 버ㅆ | **저ㅅㅌ** | **어**라이ㅂᵛㄷ.
  The bus | just | arrived.
  버스가 | 마침 | 도착했다.

  아ᵢ 뤤 앤ㄷ 뤤 | **투 테익 이트.**
  I ran and ran | to take it.
  나는 달리고 달렸다 | 그것을 잡으려고.

  덴… 댐! 아ᵢ ㅅ을립ㄷ | **어게인!**
  Then… Damn! I slipped | again!
  그러다가…젠장! 나는 넘어졌다 | 또!

- **우웁ㅅ. 유우 허어「ㅌ** | **엣 대앳 타임.**
  Ooops. You hurt | at that time.
  이런. 너는 다쳤군 | 그때.

- **잇 워어ㅈ 나앗 디 엔ㄷ!**
  It was not the end!
  끝이 아니다!

04 대화는 센스와 요령이다.
step

실전 대화는 공부가 아닙니다.
실전 대화는 센스와 요령입니다.

🐱 멋지게 말해보자!

Worse는 bad의 비교급 표현입니다. '더 나쁜'이라는 뜻이겠지요.
조금 더 뉘앙스를 살리자면, 이렇게 표현할 수도 있겠군요.

더 나쁜 일 = 더 큰 불행

The worse thing was waiting for me.

더 나쁜 일이 나를 기다리고 있었지.

The larger misfortune was waiting for me.

더 큰 불행이 나를 기다리고 있었어.

지금까지 나쁜 일이 생긴것도 모자라서 더 나쁜 일까지 기다리고 있다니요. 이건 불행이라는 단어를 써도 될 지경입니다.

> **The larger misfortune was waiting for me.**

Fortune은 운이라는 뜻을 갖고 있지요. 반대되는 단어를 만들 때는 un을 붙이고는 합니다. 그래서 '운이 좋은'을 나타내는 형용사 fortunate의 반의어는 unfortunate가 되는 것이죠. 그런데 fortune의 반대말은 un이 아닌 mis가 붙어 misfortune이 됩니다.

misfortune = 불행, unfortunate = 불행한

불행을 표현하는 또 다른 말로는 adverse fortune, ill fortune, ill luck등이 있습니다.
이 단어들이 어렵다면 좀 더 쉬운 표현으로 bad luck이라고 말해도 문제는 없습니다.

Keep going

Keep going은 직역하면 '계속 가.'라는 뜻이지요. 어떤 행동을 하는 사람에게 '계속해 봐.'라고 말할 때도 이 표현을 사용할 수 있습니다. 대화하는 도중에도 마찬가지고요. 여기에서는 '계속 말해 봐.' 정도의 의미가 되겠죠.

01 다음 대화를 목표로

step

대화의 내용을 완전히 파악하세요.
잠시 후 이 대화를 영어로 말할 수 있게 됩니다.

대앳 타임 까지만 해도 난 **오우케이** 했어.
| that time 그때 | okay 괜찮은

단지… **클로우즈** 만 **스뽀일드** 했을 뿐이지.
| clothes 옷 | spoiled 망쳤다

프롸아블럼 이 있다면…
| problem 문제

뉴우 클로우즈 였다고!
| new clothes 새 옷

올래스트 위이크엔드 에 샀었는데…
| last weekend 지난 주말

그래서 언제 **겟 허어'트** 했다는 건데?
| get hurt 다치다

말도 안 되는 **액쓰이던트** 였어.
| accident 사고

난 간신히 **어어피'스** 에 도착했어.
| office 사무실

그리고 내 **췌어'** 에 앉았지.
| chair 의자

step 02 어순은 너무나 간단하다.

틀리게 쓰거나 말하면 큰일 날 것 같죠?
천만에요. 오히려 기억력에 큰 도움이 됩니다.

1 나는 괜찮았다 / 그때까지만 해도
I was okay / until that time .

2 단지…내 옷만 더러워졌다
Just… .

3 문제는
… .

4 그것들은 ~이었다 / 새 옷
/ new clothes !

5 나는 이것을 샀다 / 저번 주에
/ last weekend …

6 그래서 언제 / 너는 상처를 얻었어
So when / .

7 그건 ~였다 / (허니의) 말도 안 되는 사고
That was / .

8 나는 도착했다 / 사무실에서 / 간신히
/ at the office / .

9 그리고 나는 / 앉았다 / 내 의자에
/ / on my chair .

Episode 09 나도 참 운이 없는 것 같아. 171

03 영어는 리듬과 강약이다.
step

한글은 가장 뛰어난 발음기호입니다.
큰 소리로 미친 듯이 반복해 말하세요.

- **아이 워어즈 오우케이** | **언틸 대앳 타임.**
  I was okay | until that time.
  나는 괜찮았다 | 그때까지만 해도.

  저스트… 마이 클로우즈 워어즈 스뽀일드.
  Just… My clothes was spoiled.
  단지… 내 옷만 더러워졌다.

  더 프라아블럼 이즈…
  The problem is…
  문제는…

  도th우즈 워어^r | **뉴우 클로우즈!**
  Those were | new clothes!
  그것들은 ~이었다 | 새 옷!

  아이 보웃 잇 | **을래스트 위이크엔드…**
  I bought it | last weekend…
  나는 이것을 샀다 | 저번 주에…

- **쏘우 웬** | **디드 유우 겟 허어^r트?**
  So when | did you get hurt?
  그래서 언제 | 너는 상처를 얻었어?

- **대앳 워어즈** | **어 뤼디큘러스 액쓰이던트.**
  That was | a ridiculous accident.
  그건 ~였다 | (하나의) 말도 안 되는 사고.

  아이 어롸이브^v드 | **엣 더 어어피^f스** | **베얼리.**
  I arrived | at the office | barely.
  나는 도착했다 | 사무실에 | 간신히.

  앤드 아이 | **새앳 다운** | **어언 마이 췌어^r.**
  And I | sat down | on my chair.
  그리고 나는 | 앉았다 | 내 의자에.

대화는 센스와 요령이다.

실전 대화는 공부가 아닙니다.
실전 대화는 센스와 요령입니다.

🐱 돌려 말하라!

Ridiculous는 '우스꽝스러운, 말도 안 되는'이라는 뜻의 단어입니다.
이 말을 이런 식으로 표현할 수도 있겠네요.

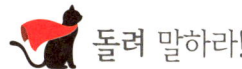

That was a ridiculous accident.

그건 말도 안 되는 사고였어.

 I can't believe it happened to me.

내게 그런 일이 일어나다니 믿을 수가 없어.

너무 어처구니없는 일이 일어나면 이게 정말 현실인가, 꿈은 아닌가 싶잖아요.

💬 **I can't believe it happened to me.**

'Can't believe (that) + 문장'의 형태로 종종 쓰이는 표현입니다. '~라니 믿을 수 없어'라는 뜻이지요. 이때 that은 생략할 수도 있습니다.

Spoil

영화를 보지 않은 사람에게 영화의 결말을 미리 말해버리는 것을 가리켜 '스포일러'라고 하잖아요. Spoil에서 나온 말입니다. '망치다'라는 뜻이지요.

Episode 09 나도 참 운이 없는 것 같아   173

01 다음 대화를 목표로
step

대화의 내용을 완전히 파악하세요.
잠시 후 이 대화를 영어로 말할 수 있게 됩니다.

의자에 등을 **을리인드** 하자마자, 그게 **페f엘 다운** 하더라고.
| leaned 기댔다 | fell down 넘어졌다

그리고… 너 밥이라고 알아?

 그 **패f앳** 한 녀석?
| fat 뚱뚱한

 알아.

그가 내 다리를 **스뗍드** 해버렸어!
| stepped 밟았다

 으악!

그게 내 다리를 **브뤄욱** 한거야.
| broke 부쉬버렸다

 그것참 안 됐네.

02 어순은 너무나 간단하다.
step

틀리게 쓰거나 말하면 큰일 날 것 같죠?
천만에요. 오히려 기억력에 큰 도움이 됩니다.

1. 내가 기댔을 때 / 나의 의자에 / 이것이 넘어졌다
   When I leaned , **on my chair** , **it fell down** .

2. 그리고… 너 밥이라고 알아
   And… ?

3. 그 뚱뚱한 녀석
   ?

4. 알아
   .

5. 그가 밟았다 / 나의 다리를
   on my leg !

6. 으악
   !

7. 그것이 부쉈다 / 나의 다리를
   my leg .

8. 나는 유감이다 / 듣게 되서
   I'm sorry .

Episode 09 나도 참 문이 없는 것 같아. 175

step 03 영어는 리듬과 강약이다.

한글은 가장 뛰어난 발음기호입니다.
큰 소리로 미친 듯이 반복해 말하세요.

- **웬 아**이 **을리인드** | **어언 마**이 **췌어ʳ,** | **잇 페'엘 다운**
  When I leaned | on my chair, | it fell down
  내가 기댔을 때 | 나의 의자에, | 이것이 넘어졌다

  앤드… 두우 유우 노우 밥?
  And… Do you know Bob?
  그리고… 너 밥이라고 알아?

- **대앳 패'앳 가이?**
  That fat guy?
  그 뚱뚱한 녀석?

  아이 **노우.**
  I know.
  알아.

- **히**이 **스뗍드** | **어언 마**이 **을레그!**
  He stepped | on my leg!
  그가 밟았다 | 나의 다리를!

- **아우쳐!**
  Ouch!
  으악!

- **잇 브뤄욱** | **마**이 **을레그.**
  It broke | my leg.
  그것이 부쉈다 | 나의 다리를.

- **아**이**앰 싸아뤼** | **투 히어ʳ 대트.**
  I'm sorry | to hear that.
  나는 유감이다 | 그것을 듣게 되서.

04 대화는 센스와 요령이다.
step

실전 대화는 공부가 아닙니다.
실전 대화는 센스와 요령입니다.

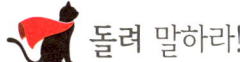 돌려 말하라!

의자나 벽에 기댄다는 표현은 lean이라는 동사를 사용합니다.
그런데 lean이라는 단어가 어렵다면 의자에 기대앉는 모습을 상상해보세요.

기댔을 때 = 깊숙이 앉았을 때

When I leaned on my chair.

내가 의자에 기댔을 때.

When I sit back in my chiar. 🚩

내가 의자에 깊숙이 앉았을 때.

Sit back in~은 어디에 파묻혀 앉아있을 때 쓰는 표현입니다.
의자 등에 기대앉는다는 표현이 생각나지 않으면 대체할 수 있는 말이지요.

🚩 **When I sit back in my chiar.**

Sit back이라는 표현을 하나하나 뜯어보면 앉아서 뒤로 가는 것입니다. 앉은 채로 뒤로 물러나는 것을 생각해보면 편하게 푹 눌러앉는 모습을 상상하기 어렵지 않을 것입니다. 그래서 sit back은 '편하게 앉다'라는 뜻으로도 쓰이지요. 여기서는 의자에 편하게 앉는다고 이야기하므로 전치사 in과 함께 쓰였습니다. 앞의 표현과 다르게 on이 아니라 in을 쓰는 이유는 의자 '위'에 앉는다고 강조하는 것이 아니라 의자 '안'에 눌러앉는다고 강조하고 있기 때문입니다.

Fat

'뚱뚱한'을 표현할 땐 fat이라고 합니다. 그럼 더 뚱뚱한을 나타낼 땐 어떻게 해야할까요?
fat 뚱뚱한 - fatter 더 뚱뚱한 - fattest 가장 뚱뚱한
thin 마른 - thinner 더 마른 - thinnest 가장 마른

Come on의 네 가지 의미

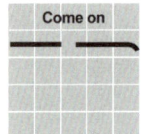

Come on [1]
알겠어
누군가에게 무엇을 시키거나, 서두르라며 부추길 때.

상황 당신이 과제를 열심히 하지 않자, 친구가 빨리 끝내라며 주의를 준다.
"알겠어, 그렇게 할 거야."

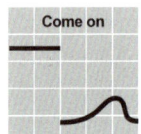

Come on [2]
그러지 좀 마
누군가가 잘못했거나 어리석다고 느꼈을 때.

상황 당신이 아는 여자의 전화번호를 자꾸만 요구하는 친구.
하지만 당신은 알고 있다. 그녀는 당신의 친구를 싫어한다는 것을.
"그러지 좀 마, 그 여자가 싫다잖아."

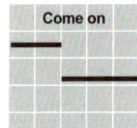

Come on [3]
이런
무엇인가가 잘못되어가고 있다고 느낄 때.

상황 자동차가 갑자기 멈추어 섰다. 차에 무슨 문제가 있는 것 같나.
하지만 차에 대해 잘 모르는 당신과 친구는 어떻게 해야 할지 난감하기만 하다.
"이런, 어떻게 해야 하지?"

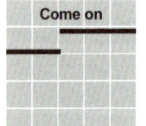

Come on [4]
힘내
응원을 할 때.

상황 친구들과 함께 축구경기장에서 팀을 응원하고 있다.
"힘내! 이 게임은 이겨야 한다고."

EPISODE 10
"밤에 술 마시러 갈래?"

01 다음 대화를 목표로
step

대화의 내용을 완전히 파악하세요.
잠시 후 이 대화를 영어로 말할 수 있게 됩니다.

오늘 밤에 **고우잉 드륑킹** 이나 할래?
| going drinking 술 마시는 것

나도 **뤼얼리** 그러고 싶어.
| really 정말로

애니 플랜 이라도 있어?
| any plan 어떤 계획

아마도…

투나이트 엔 **워'크** 해야 해.
| tonight 오늘 밤 | work 일하다

 또?

응, **원더'** 도 아니지.
| wonder 놀랄 일

 할 **워'크** 가 많아?
| work 일

응. **어 휴우즈** 프로젝트를 **테이킹 케어'** 하고 있거든.
| a huge (하나의) 큰 | taking care 맡고 있는

02 어순은 너무나 간단하다.

step

틀리게 쓰거나 말하면 큰일 날 것 같죠?
천만에요. 오히려 기억력에 큰 도움이 됩니다.

1 어때 / 술 마시러 가는 거 / 오늘 밤
How about / going drinking / tonight ?

2 나는 정말 바란다 / 내가 할 수 있길
/ I can do .

3 너 가지고 있니 / 어떤 계획
/ any plan ?

4 아마도
...

5 나는 일을 해야 한다 / 오늘 밤
/ tonight .

6 또
?

7 응, 이건 ~이다 / 놀랄 것 없는
Yeah, / .

8 너는 가지고 있니 / 많은 양의 / 할 일
Do you have / / ?

9 응. 나는 책임을 지고 있다 / (하나의) 큰 프로젝트를
Yes. / .

Episode 10 오늘 밤에 술 마시러 갈래? **181**

step 03 영어는 리듬과 강약이다.

한글은 가장 뛰어난 발음기호입니다.
큰 소리로 미친 듯이 반복해 말하세요.

- **하우 어바웃 | 고우잉 드륑킹 | 투나이트?**
  How about | going drinking | tonight?
  어때 | 술 마시러 가는 거 | 오늘 밤?

- **아이 뤼얼리 호우프 | 아이 캔 두우.**
  I really hope | I can do.
  나는 정말 바란다 | 내가 할 수 있길.

- **두우 유우 해브ᵛ | 애니 플랜?**
  Do you have | any plan?
  너 가지고 있니 | 어떤 계획?

- **메이비…**
  Maybe…
  아마도…

  아이 해브ᵛ 투 워ʳ크 | 투나이트.
  I have to work | tonight.
  나는 일을 해야 한다 | 오늘 밤.

- **어게인?**
  Again?
  또?

- **예아, 잇 이즈 | 노우 원더ʳ.**
  Yeah, it is | no wonder.
  응. 이건 ~이다 | 놀랄 것 없는.

- **두우 유우 해브ᵛ | 어 을라앗 어브ᵛ | 워ʳ크 투 두우?**
  Do you have | a lot of | work to do?
  너는 가지고 있니 | 많은 양의 | 할 일?

- **예쓰. 아이 앰 테이킹 케어ʳ | 어브ᵛ 어 휴우즈 프뤄젝트.**
  Yes. I am taking care | of a huge project.
  응. 나는 책임을 지고 있다 | (하나의) 큰 프로젝트를.

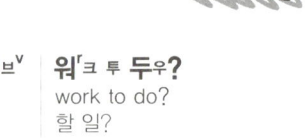

04 대화는 센스와 요령이다.
step

실전 대화는 공부가 아닙니다.
실전 대화는 센스와 요령입니다.

돌려 말하라!

보통 퇴근 시간을 넘겨 늦게까지 일을 하는 것을 가리켜 '야근'이라고 하지요. 그러나 굳이 '야근'이라고 콕 집어 그 단어를 말할 필요는 없잖아요. 그냥 이렇게만 말해도 뜻은 충분히 통하니까요.

야근 = 밤에 일해야 해

I have to work overtime.

야근을 해야만 해.

 쉽게

I have to work tonight.

오늘 밤엔 일해야 해.

무엇인가를 초과한 것을 가리켜 over되었다는 말을 하지요. 여기서는 시간을 초과했기 때문에 overtime은 '초과근무, 잔업'을 의미합니다. 그래서 시간을 초과해서 일하는 것을 work overtime이라고 합니다.

I have to work overtime.

Have to라는 표현은 '해야 한다'는 의미를 갖고 있습니다. Have to를 그냥 하나의 조동사로 생각하세요. 어차피 둘이 갈라지지도 않습니다. 이것을 동사 앞에 붙이면 '동사를 해야 한다'는 의미가 되죠.

It is no wonder.

Wonder는 '놀라다'라는 뜻을 가지고 있습니다. 그런데 앞에 no가 있으니 이제 그 뜻은 놀랄 일이 아니게 되었네요. 우리말의 '당연하다'와 같은 뉘앙스입니다.

01 다음 대화를 목표로
step

대화의 내용을 완전히 파악하세요.
잠시 후 이 대화를 영어로 말할 수 있게 됩니다.

할 일이 너무 **어 올라앗 어브ᵛ** 하거든.
| a lot of 많은 (양의)

넥스트 위이크엔드 가 **데드라인** 이야.
| next weekend 다음 주말 | deadline 마감

그럼… 그때까진 **뤠스트** 도 못하겠군.
| rest 휴식

호움 에 들어가지도 못할 것 같아.
| home 집

왜 그렇게 일을 **하아ʳ드** 하게 하는 거야?
| hard 열심히

쉬엄쉬엄 좀 하라고.

나도 그러고 싶지 않아.

먹고 살아야 할 것 아냐…

하지만 세상엔 **메니 자압스** 가 있다고.
| many jobs 많은 직업

02 어순은 너무나 간단하다.
step

틀리게 쓰거나 말하면 큰일 날 것 같죠?
천만에요. 오히려 기억력에 큰 도움이 됩니다.

1 나는 가지고 있다 / 많은 (양의) / 할 일
I have / a lot of / work to do .

2 마감이 / 다음 주말이다
 / next weekend .

3 그럼… 너는 쉴 수 없다 / 그때까지
Then… / .

4 나는 못 할 것이다 / 집에 가는 것
 / to go home .

5 왜 일을 하는 거야 / 그렇게 열심히
 / so hard ?

6 쉬엄쉬엄 해
 !

7 나는 원치 않는다 / 그렇게 하는 길
I don't want / .

8 나는 일을 해야 한다 / 생활비를 위해
I must work / …

9 하지만 많은 직업이 있다 / 세상엔
But / .

Episode 10 오늘 밤에 술 마시러 갈래? 185

03 영어는 리듬과 강약이다.
step

> 한글은 가장 뛰어난 발음기호입니다.
> 큰 소리로 미친 듯이 반복해 말하세요.

아이 해브ᵛ	**어 을라앗 어브ᵛ**	**워ᵣ크 투 두우.**
I have	a lot of	work to do.
나는 가지고 있다	많은 (양의)	할 일.

더 데드라인 이즈	**넥스트 위이크엔드.**
The deadline is	next weekend.
마감이	다음 주말이다.

덴… 유우 캐엔트 테익 어 뤠스트	**언틸 대앳 타임.**
Then… You can't take a rest	until that time.
그럼… 너는 쉴 수 없다	그때까지.

아이 윌 나앗 비이 에이블	**투 고우 호움.**
I will not be able	to go home.
나는 못 할 것이다	집에 가는 것.

와이 두우 유우 워ᵣ크	**쏘우 하아ᵣ드?**
Why do you work	so hard?
왜 일을 하는 거야	그렇게 열심히?

  테익 잇 이이지!
  Take it easy!
  쉬엄쉬엄 해!

아이 더운트 원트	**투 두우 대트.**
I don't want	to do that.
나는 원하지 않는다	그렇게 하는 걸.

아이 머스트 워ᵣ크	**포ᶠ어ᵣ 어 을리빙ᵛ…**
I must work	for a living…
나는 일을 해야 한다	생활비를 위해…

버트, 데어ᵣ 아ᵣ 메니 자압스	**인 더 워얼ᵣ드.**
But, there are many jobs	in the world.
하지만, 많은 직업이 있다	세상엔.

04 대화는 센스와 요령이다.
step

실전 대화는 공부가 아닙니다.
실전 대화는 센스와 요령입니다.

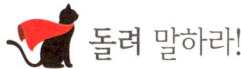 돌려 말하라!

맡고 있다? 생각보다 말하기에 만만치 않은 표현이네요. 상황을 구체적으로 설명하려 한다면 어려운 단어, 어려운 표현이 쓰일 수밖에 없습니다. 어떤 표현을 써야 할지 모르는 상황이라면 차라리 포괄적인 표현을 쓰는 것이 더 정확할 수도 있습니다.

큰 프로젝트를 하나 맡고 있거든 = 할 일이 너무 많이 있거든

Yes. I am taking care of a huge project.
응. 큰 프로젝트를 하나 맡고 있거든.

I have a lot of work to do.
할 일이 너무 많이 있거든.

이처럼 구체적인 상황을 간단하게 정리해 버리면 훨씬 더 쉽게 말할 수 있습니다.

I have a lot of work to do.

A lot of는 '많은'이라는 뜻으로 뒤에 셀 수 있는 명사나 셀 수 없는 명사 모두 쓸 수 있습니다. 비슷한 표현으로는 lots of가 있습니다.

- I have lots of work to do. 나는 할 일이 많다.

I must work for a living...

I have to make a living. 이라고 표현할 수도 있습니다. Make a living은 '생활비를 벌다'라는 뜻이고요.

01 다음 대화를 목표로

step

대화의 내용을 완전히 파악하세요.
잠시 후 이 대화를 영어로 말할 수 있게 됩니다.

🧑 꼭 거기에서 **워'크** 해야 할 필요는 없어.
| work 일하다

🧑 그게 네가 **뤼얼리 원트 투 두우** 한 직업이니?
| really 정말 | want to do 하고 싶은

그런 것도 아니지. 👨

하지만, 누가 **드뤼임 자아브** 만 하겠어? 👨
| dream job 하고 싶은 일

🧑 넌 좀 더 **플'렉씨블** 해질 필요가 있어.
| flexible 유연한

🧑 일을 **쿠윗** 하고 다른 직업을 **파'인드** 해봐.
| quit 그만두다 | find 찾나

🧑 좀 **인조이** 하면서 살라고!
| enjoy 즐기다

넌 좀 **뤼이얼리스티크** 으로 **띵ᵗʰ크** 할 필요가 있어. 👨
| realistic 현실적인 | think 생각하다

그게 그렇게 **이이지** 한 건 아니지. 👨
| easy 쉬운

02 어순은 너무나 간단하다.

step

틀리게 쓰거나 말하면 큰일 날 것 같죠?
천만에요. 오히려 기억력에 큰 도움이 됩니다.

1. 너는 ~할 필요 없다 / 일하다 / 거기서
   You don't have to   work   there .

2. 그게 직업이니 / 네가 정말 / 하고 싶은
   _____   you really   _____ ?

3. 그것은 아니다
   _____ .

4. 하지만 / 누가 얻을 수 있겠어 / (하나의) 꿈의 직업을
   But , _____ _____ ?

5. 너는 ~해야 한다 / 생각하다 / 좀 더 유연하게
   _____   think   _____ .

6. 그만둬라 / 너의 직업을 / 그리고 찾아라 / 다른 직업을
   _____ _____ and find _____ .

7. 즐겨라 / 너의 인생을
   Enjoy _____ !

8. 너는 생각할 필요가 있다 / 좀 더 현실적으로
   You have to think _____ .

9. 이것은 아니다 / 그렇게 쉬운
   It's not _____ .

Episode 10 오늘 밤에 술 마시러 갈래?

03 영어는 리듬과 강약이다.

> 한글은 가장 뛰어난 발음기호입니다.
> 큰 소리로 미친 듯이 반복해 말하세요.

● **유우 도운트 해브ᵛ 투 | 워ʳ크 | 데어ʳ.**
You don't have to | work | there.
너는 ~할 필요 없다 | 일하다 | 거기서.

이즈 대앳 어 자아브 | 유우 뤼얼리 | 원트 투 두우?
Is that a job | you really | want to do?
그게 직업이니 | 네가 정말 | 하고 싶은?

● **댓츠 나아트.**
That's not.
그것은 아니다.

버트, | 후우 캔 겟 | 어 드뤼임 자아브?
But, | who can get | a dream job?
하지만, | 누가 얻을 수 있겠어 | (하나의) 꿈의 직업을?

● **유우 해브ᵛ 투 | 띵ᵗʰ크 | 모어ʳ 플ᶠ렉씨블.**
You have to | think | more flexible.
너는 ~해야 한다 | 생각하다 | 좀 더 유연하게.

쿠윗 | 유어ʳ 자아브 | 앤드 파ᶠ인드 | 어나더ʳ 자아브.
Quit | your job | and find | another job.
그만둬라 | 너의 직업을 | 그리고 찾아라 | 다른 직업을.

인조이 | 유어ʳ 을라이프ᶠ!
Enjoy | your life!
즐겨라 | 너의 인생을!

● **유우 해브ᵛ 투 띵ᵗʰ크 | 모어ʳ 뤼이얼리스틱.**
You have to think | more realistic.
너는 생각할 필요가 있다 | 좀 더 현실적으로.

잇츠 나앗 | 대앳 이이지.
It's not | that easy.
이것은 아니다 | 그렇게 쉬운.

04 대화는 센스와 요령이다.
step

실전 대화는 공부가 아닙니다.
실전 대화는 센스와 요령입니다.

 직접적으로 말해보자!

기한 혹은 마감 시간을 영어로는 **deadline**이라고 표현합니다. 따로 떼어 놓고 보면 쉬운 단어이지요. '죽다'라는 뜻의 **dead**와 '선'이라는 뜻의 **line**이 합쳐진 단어이잖아요. '마감'이라는 단어를 쓰는 대신, 이렇게 표현할 수도 있습니다.

마감 = 끝내야 해

The deadline is next weekend.

다음 주말이 마감이야.

 쉽게

I have to finish it until next weekend.

다음 주말까지 그것을 끝내야 해.

마감이라는 것은 정해진 기한 안에 일을 끝내야 하는 것이지요. 구체적인 단어가 생각나지 않을 때는 이렇게 풀어서 설명해도 됩니다.

I have to finish it until next weekend.

Until은 '~까지'라는 뜻으로 기한을 설정할 때 자주 사용하는 표현입니다. Until다음에 기한을 나타내는 표현을 넣어주면 됩니다. Until tomorrow'내일까지', until now'지금까지'처럼 말이죠.

Is that your dream job?

'꼭 하고 싶었던 일'이라는 말을 하기 위해서는, 일(job)에 그것을 꾸며주는 형용사 절을 덧붙여야만 합니다. 이렇게요. A job you really want to do. 좀 더 간단히 표현해 볼까요. 꼭 하고 싶었던 일을 가리켜 '장래희망'이라고 하잖아요. 장래희망을 영어로는 **dream job**이라고 표현할 수 있습니다.

01 다음 대화를 목표로

대화의 내용을 완전히 파악하세요.
잠시 후 이 대화를 영어로 말할 수 있게 됩니다.

에브ᵛ뤼바디 가 나처럼 **을립ᵛ스** 한다고.
| everybody 모두　　　　　| lives 살다

 난 네가 **언더ʳ스탠드** 안 돼.
| understand 이해하다

너도 **쑤운 언더ʳ스탠드** 할 수 있게 될 거야.
| soon 곧 | understand 이해하다

넌 아직 **어 스튜우던트** 잖아.
| a student (한 명의) 학생

 하지만, 난 **네버ᵛ/ʳ** 그렇게 **을리브ᵛ** 하고 싶지 않아.
| never 절대　　　　　　　　　| live 살다

하하, 두고 보겠어.

행운을 빌게.

02 어순은 너무나 간단하다.
step

틀리게 쓰거나 말하면 큰일 날 것 같죠?
천만에요. 오히려 기억력에 큰 도움이 됩니다.

1 모두가 산다 / 나처럼
   Everybody lives / like me .

2 난 이해할 수 없다 / 너를
   / you .

3 너는 이해할 거야 / 나를 / 곧
   / me / .

4 너는 ~이다 / 아직 / (한 명의) 학생
   / still / .

5 하지만, 난 절대 원하지 않는다 / 살기를 / 그렇게
   But, / / .

6 하하, 기다려봐
   Ha-ha, .

7 바란다 / 니에게 / 행운을
   / you / .

Episode 10 오늘 밤에 술 마시러 갈래? 193

03 step 영어는 리듬과 강약이다.

한글은 가장 뛰어난 발음기호입니다.
큰 소리로 미친 듯이 반복해 말하세요.

- 에브ᵛ뤼바디 을립ᵛ스 | 올라익 미이.
  Everybody lives | like me.
  모두가 산다 | 나처럼.

- 아이 캔트 언더ʳ스탠드 | 유우.
  I can't understand | you.
  난 이해할 수 없다 | 너를.

- 유우 윌 언더ʳ스탠드 | 미이 | 쑤운.
  You will understand | me | soon.
  너는 이해할 거야 | 나를 | 곧.

  유우 아ʳ | 스띠일 | 어 스튜우던트.
  You are | stil | a student.
  넌 ~이다 | 아직 | (한 명의) 학생.

- 버트, 아이 네버ᵛ/ʳ 원트 | 투 올리브ᵛ | 올라익 대트.
  But, I never want | to live | like that.
  하지만, 난 절대 원하지 않는다 | 살기를 | 그렇게.

- 하-하, 저스트 유우 웨이트.
  Ha-ha, Just you wait.
  하하, 기다려봐.

  위쉬 | 유우 | 올러크.
  Wish | you | luck.
  바란다 | 너에게 | 행운을.

04 대화는 센스와 요령이다.
step

실전 대화는 공부가 아닙니다.
실전 대화는 센스와 요령입니다.

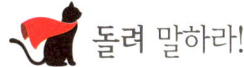 돌려 말하라!

'두고 보라'는 말은 어떻게 하면 될까요?
이 말 속에는 '잠시 후면 너도 알게 될 것이다'라는 의미가 들어 있습니다.

조금만 기다려 봐 = 두고 봐

Just you wait.  **You will see.**

기다려봐.   다른 표현   두고 봐.

Everybody likes me.

Everybody는 여러 명을 의미하지만, 그들을 단체로 보는 것이 아니라 개별적으로 보는 표현입니다. Everybody lives like me라고 하면 모든 사람 '한 명 한 명'이 나처럼 산다고 하는 것이기 때문에 단수로 취급하는 것이지요. 동사 live에 s가 붙는 이유는 바로 이것 때문입니다. 정반대의 뜻인 nobody가 오게 돼도 아무도 없는 것이기 때문에 역시 단수로 취급합니다.

  Everybody likes me. 모두가 날 좋아해.
  Nobody likes you. 아무도 날 좋아하지 않아.

Wish you luck.

응원할 때 자주 사용되는 표현입니다. '당신의 행운을 빕니다'라는 뜻을 갖고 있습니다. 짧게 Good luck이라고 해도 같은 의미로 쓰입니다.

I know의 두 가지 의미

I know ❶
그러게
동의할 때.

상황 친구와 수영장에 갔다. 친구와 당신 모두 지나가던 근육질의 잘생긴 남자를 보고 감탄한다.

"그러게! 그는 진짜 매력적이야."

I know ❷
나한테 생각이 있어
새로운 아이디어나 제안사항이 있을 때.

상황 친구가 일 처리를 어떻게 해야 하는지 몰라 곤란해 하다 마침 당신에게 새로운 아이디어가 떠올랐다.

"나한테 생각이 있어, 지금 해 보자."

EPISODE 11
"나는 여름이 싫어."

01 다음 대화를 목표로

step

대화의 내용을 완전히 파악하세요.
잠시 후 이 대화를 영어로 말할 수 있게 됩니다.

너무 **하트** 하다!
| hot 더운

오늘 **템프러쳐'** 가 36도래.
| temperature 기온

와우. 여기 무슨 아프리카의 **미들** 이라도 되는 거야?
| middle 한복판

하하, 엄살 부리지 마.

난 **써머'** 가 싫어.
| summer 여름

하지만, 나는 **윈터'** 보다는 **베터'** 한 것 같아.
| winter 겨울 | better 더 나은

어그뤼이 할 수 없어.
| agree 동의하다

난 **써머'** 엔 **애니띵th** 도 할 수가 없다고.
| summer 여름 | anything 아무것도

난 겨울은 **스탠드** 할 수 있어.
| stand 견디다

step 02 어순은 너무나 간단하다.

틀리게 쓰거나 말하면 큰일 날 것 같죠?
천만에요. 오히려 기억력에 큰 도움이 됩니다.

1 너무 덥다
It's so hot !

2 오늘 기온이 ~이다 / 36도
_____ 36 degrees .

3 와우, 여기가 ~이니 / 아프리카의 가운데
Wow, Is here _____ ?

4 하하, ~되지 마라 / (하나의) 우는 아기
Ha-ha, Don't be _____ .

5 난 여름이 싫어
_____ .

6 하지만, 나는 생각한다 / 이건 낫다 / 겨울 보다
But, I think _____ _____ .

7 나는 동의할 수 없다
_____ .

8 나는 0을 할 수 있다 / 여름에
_____ in summer .

9 난 견딜 수 있다 / 겨울은
_____ winter .

Episode 11 나는 여름이 싫어 **199**

step 03 영어는 리듬과 강약이다.

한글은 가장 뛰어난 발음기호입니다.
큰 소리로 미친 듯이 반복해 말하세요.

- **잇츠 쏘우 하트!**
  It's so hot!
  너무 덥다!

- **투데이즈 템프러쳐r 이즈 | 떠th/r티쓰익스 디그뤼즈.**
  Today's temperature is | 36 degrees.
  오늘 기온이 ~이다 | 36도.

- **와우. 이즈 히어r | 어 미들 어브v 애프ㅣ리커?**
  Wow. Is here | a middle of Africa?
  와우. 여기가 ~이니 | 아프리카의 가운데?

- **하하, 더운트 비이 | 어 크롸이 베이비.**
  Haha, Don't be | a cry baby.
  하하, ~되지 마라 | (하나의) 우는 아기.

- **아이 헤잇 써머r.**
  I hate summer.
  난 여름이 싫어.

- **버트, 아이 띵thㅋ | 이츠 베터r | 댄 윈터r.**
  But, I think | It's better | than winter.
  하지만, 나는 생각한다 | 이건 낫다 | 겨울보다.

- **아이 캔트 어그뤼이.**
  I can't agree.
  나는 동의할 수 없다.

  아이 캔 두우 나띵th | 인 써머r.
  I can do nothing | in summer.
  난 0을 할 수 있다 | 여름에.

  아이 캔 스탠드 | 윈터r.
  I can stand | winter.
  난 견딜 수 있다 | 겨울은.

04 step 대화는 센스와 요령이다.

실전 대화는 공부가 아닙니다.
실전 대화는 센스와 요령입니다.

뜻은 충분히 통한다!

Cry baby는 직역하면 '우는 아기'도 되지만 '울보'라는 뜻도 있습니다.
사실 '울보'라는 말 자체가 '우는 아이'라는 뜻이니 결국 같은 말이네요.

우는 아기가 되지 마 = 우는 소리 그만해.

Don't be a cry baby.
울보처럼 굴지 마.

Stop crying.
우는 소리 그만해.

별것도 아닌 일로 투덜거리는 사람을 보면 이렇게 이야기하고는 합니다. 그만 좀 징징대라, 우는 소리 좀 그만하라는 뜻이니 영어로는 **Stop crying**이라고 표현하면 되겠죠.

🔖 **Stop crying.**

첫회에 나온 **stop** 다음에 **ing**를 쓰면 어떤 뜻이 되는지 아직 기억하고 계시나요? 'stop + ~ing'는 '~하는 것을 그만두다'라는 표현입니다. 그래서 **stop crying**은 '우는 것을 그만 두는 것'이지요. 그런데 **ing** 대신 **to 동사원형**을 쓰면 어떻게 될까요? 'stop + to 동사원형'은 '~하기 위해 멈추다'라는 표현이기 때문에 **stop to cry**를 쓰게 되면 원래의 의도와는 다르게 '울기 위해서 멈추다'라는 뜻이 돼버립니다.

Better

비교급 두 가지를 함께 살펴볼까요? 무엇이 좋다, 나쁘다고 말할 때는 good, bad라고만 하면 됩니다. 더 좋다, 더 나쁘다고 말을 하려면 어떻게 할까요?

good 좋은 - better 더 좋은 - best 가장 좋은
bad 나쁜 - worse 더 나쁜 - worst 가장 나쁜

01 다음 대화를 목표로
step

대화의 내용을 완전히 파악하세요.
잠시 후 이 대화를 영어로 말할 수 있게 됩니다.

🧒 **어 헤비ᵛ 코웃** 과 **어 히터ʳ** 만 있으면 된다고.
| a heavy coat (하나의) 두꺼운 코트 | a heater (하나의) 난방기

🧒 하지만, 여름은… 너 그 **스토어뤼** 알지?
| story 이야기

무슨 **스토어뤼**? 👧
| story 이야기

🧒 해와 바람!

🧒 그 무엇도 **썬** 을 **윈** 할 수는 없잖아.
| sun 해 | win 이기다

하하, 그거 **메익쓰 쎈쓰** 하네. 👧
| make sense 말이 되다

🧒 내 생각에…

🧒 매년 **하터ʳ 앤드 하터ʳ** 해지는 것 같아.
| hotter and hotter 점점 더 더운

🧒 내가 **영** 할 때, 이렇게 **핫** 하진 않았다고.
| young 어린 | hot 더운

02 어순은 너무나 간단하다.

틀리게 쓰거나 말하면 큰일 날 것 같죠?
천만에요. 오히려 기억력에 큰 도움이 됩니다.

1 나는 단지 필요하다 / (하나의) 두꺼운 코트와 (하나의) 난방기
I just need a heavy coat and a heater .

2 하지만, 여름은… 너 아니 / 그 이야기
But, summer…   ?

3 무슨 이야기
                    ?

4 해와 바람
                              !

5 무엇도 이길 수 없다 / 해를
                      the sun .

6 하하, 그거 말이 되네
Ha-ha,   .

7 내 생각에
            …

8 ~해지다 / 점점 더 더운 / 매년
                              every year .

9 내가 어릴 때, ~하지는 않았다 / 이렇게 더운
When I was young,   .

Episode 11 나는 여름이 싫어. 203

03 step 영어는 리듬과 강약이다.

한글은 가장 뛰어난 발음기호입니다.
큰 소리로 미친 듯이 반복해 말하세요.

- **아이 저스트 니이드 | 어 헤비ᵛ 코웃 앤드 어 히터ʳ.**
  I just need | a heavy coat and a heater.
  나는 단지 필요하다 | (하나의) 두꺼운 코트와 (하나의) 난방기.

  버트, 써머ʳ… 두우 유우 노우 | 대앳 스토어뤼?
  But, summer… Do you know | that story?
  하지만, 여름은… 너 아니 | 그 이야기?

- **왓 스토어뤼?**
  What story?
  무슨 이야기?

- **더 썬 앤드 더 윈드!**
  The sun and the wind!
  해와 바람!

  나띵ᵗʰ 캔 윈 | 더 썬.
  Nothing can win | the sun.
  무엇도 이길 수 없다 | 해를.

- **하-하, 잇 메익쓰 쎈쓰.**
  Ha-ha, It makes sense.
  하하, 그거 말이 되네.

- **아이 띵ᵗʰ크…**
  I think…
  내 생각에…

  이츠 게팅 | 하터ʳ 앤드 하터ʳ | 에브ᵛ뤼 이이어ʳ.
  It's getting | hotter and hotter | every year.
  ~해지다 | 점점 더 더운 | 매년.

  웬 아이 워어즈 영, 잇 워어즈 나앗 | 쏘우 핫 | 을라익 디쓰.
  When I was young, it was not | so hot | like this.
  내가 어릴 때, ~하지는 않았다 | 이렇게 더운 | 이것처럼.

04 대화는 센스와 요령이다.

실전 대화는 공부가 아닙니다.
실전 대화는 센스와 요령입니다.

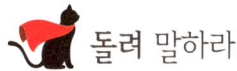 돌려 말하라!

'더 덥다'는 말은 hot의 비교급인 hotter를 통해 표현할 수 있습니다.
그렇다면 '점점 더 덥다'는 말은 어떻게 할까요. 간단합니다.

점점 더 더워진다 = 더 더워진다

It's getting hotter and hotter every year.
매년 점점 더 더워진다.

쉽게

It's getting hotter every year.
매년 더 더워진다.

한 번만 간단하게 말해줘도 의미상의 큰 차이는 없습니다.
점점 더 더워지는 것도 결국 더 더워지는 것이잖아요.

It's getting hotter every year.

'비교급 and 비교급'은 '점점 더 ~한'이라는 뜻의 표현입니다. 그런데 expensive처럼 음절이 긴 형용사의 비교급은 앞에 more를 붙여준다고 했던 것, 기억하시나요? 이런 경우에는 more expensive and more expensive가 아닌 more and more + expensive 의 형태가 됩니다.

It make sense.

앞에서 한 번 나왔던 표현이 다시 나왔습니다. '말이 된다, 일리가 있다'라는 뜻으로 상대방의 말이 이해된다고 수긍할 때 자주 쓰이는 표현입니다.

01 step 다음 대화를 목표로

대화의 내용을 완전히 파악하세요.
잠시 후 이 대화를 영어로 말할 수 있게 됩니다.

맞아.

글로우벌 워어'밍 때문이지.
| global warming 지구 온난화

그건 정말 **쓰이뤼어쓰 프롸아블럼** 이야.
| serious problem 심각한 문제

이스페셜리 나에겐.
| especially 특히

글로우벌 워어'밍 의 **뤼이즌** 이 뭐야?
| global warming 지구 온난화 | reason 원인

글쎄… 나도 **이그잭틀리** 는 몰라.
| exactly 정확히

이산화탄소 때문이라고 하더군.

뭐가 이산화탄소를 **메익쓰** 하는데?
| makes 만들다

카'아스 나 **팩'토뤼이즈**, **트뤠쉬** 나 뭐 그런 것들.
| cars 자동차 | factories 공장 | trash 쓰레기

206

step 02 어순은 너무나 간단하다.

틀리게 쓰거나 말하면 큰일 날 것 같죠?
천만에요. 오히려 기억력에 큰 도움이 됩니다.

1 네가 맞다
You are right .

2 ~때문이다 / 지구 온난화의
It's because .

3 이것은 매우 심각한 문제다
.

4 특히 나에겐
.

5 뭐가 이유니 / 지구 온난화의
of global warming ?

6 글쎄… 나도 모른다 / 정확히
Well… .

7 사람들은 ~라고 말한다 / 이것은 이산화탄소 때문이다
it's because of CO2 .

8 무엇이 만드니 / 이산화탄소를
CO2 ?

9 자동차, 공장, 쓰레기나 뭐 그런 것들
Cars, factories, .

03 영어는 리듬과 강약이다.

step

한글은 가장 뛰어난 발음기호입니다.
큰 소리로 미친 듯이 반복해 말하세요.

- **유우 아ʳ 롸이트.**
  You are right.
  네가 맞다.

  이츠 비커어즈 │ 어브ᵛ어 글로우벌 워어ʳ밍.
  It's because │ of a global warming.
  ~때문이다 │ 지구 온난화의.

- **잇츠 베ᵛ뤼 쓰이뤼어ㅆ ㅍ롸아블럼.**
  It's very serious problem.
  이것은 매우 심각한 문제다.

  이스페셜리 포fㅓʳ 미이.
  Especially for me.
  특히 나에겐.

  왓 이즈 더 뤼이즌 │ 어브ᵛ 글로우벌 워어ʳ밍?
  What is the reason │ of global warming?
  뭐가 이유니 │ 지구 온난화의?

- **웰⋯ 아이 도운ㅌ 노우 │ 이그잭틀리.**
  Well⋯ I don't know │ exactly.
  글쎄⋯ 나도 모른다 │ 정확히.

  피이쁠 쎄이 대앳 │ 잇츠 비커어즈 어브ᵛ 씨오투우.
  People say that │ it's because of CO2.
  사람들은 ~라고 말한다 │ 이것은 이산화탄소 때문이다.

- **왓 메익ㅆ │ 씨오투우?**
  What makes │ CO2?
  무엇이 만드니 │ 이산화탄소를?

- **카ʳ아ㅅ, 팩ˡ토뤼즈, 트뤠쉬, 오어ʳ 썸띵ᵗʰ.**
  Cars, factories, trash, or something.
  자동차나 공장, 쓰레기나 뭐 그런 것들.

04 대화는 센스와 요령이다.
step

실전 대화는 공부가 아닙니다.
실전 대화는 센스와 요령입니다.

 다르게 말해보자!

사람들이 '말하는 것'이 내가 '듣는 것'이니까 결국은 유사한 뜻을 가진 표현이 됩니다.
이때 사람들은 꼭 특정한 대상을 지칭하는 것이 아니라 세간의 평가를 뜻하기도 합니다.

사람들이 말하기를 = 내가 듣기에

People say that it's because of CO2.

사람들이 말하기를 그건 이산화탄소 때문이래.

I heard that it's because of CO2.

내가 듣기에 그건 이산화탄소 때문이래.

이 표현은 '듣다'라는 뜻인 hear의 과거형 heard를 사용합니다.
이미 과거에 들었던 이야기를 전하는 것이기 때문입니다.

📝 People says that it's because of CO2.

확실하지 않은 사실에 대해서 말할 때면 이렇게 미리 방어막을 쳐 두는 게 좋겠지요. '다른 사람들이 그렇게 말하더라고' 라고요. People says that~ 그래야 나중에 그 말이 틀렸다는 것을 알게 되었을 때, 이렇게 대답할 수 있잖아요. I didn't say that~ 내가 한 말은 아니잖아.

It's because of a global warming.

'지구 온난화'라고 하면 어려운 영어 단어가 사용될 것 같은데요, 사실 간단합니다.
　global 세계적인, 지구의 / warming 따뜻해지는 것
　global warming 지구 온난화
Because of a global warming이라고 하면 '지구 온난화 때문'이라는 뜻이 되겠죠.

01 다음 대화를 목표로
step

대화의 내용을 완전히 파악하세요.
잠시 후 이 대화를 영어로 말할 수 있게 됩니다.

🦁 좋아, **투데이** 부터 내 차를 **드라이브**ᵛ 하지 않을 거야.
| today 오늘 | drive 운전하다

🦁 **퍼블리익 트뤤쓰포어ʳ트** 를 이용해야겠어.
| public transport 대중교통

쎄퍼뤠이팅 트뤠쉬 를 하는 것도 **구ᄃ 아이디이어** 지. 👸
| separating trash 쓰레기 분리수거하기 | good idea 좋은 생각

아, **원 모어ʳ 띵**ᵗʰ 가 있다. 👸
| one more thing 한 가지 더

🦁 그게 뭔데?

또한, **에어ʳ 컨디셔너ʳ** 도 지구 온난화의 원인이야. 👸
| air conditioner 에어컨

당장 **터언ʳ 잇 어어프**ᶠ 하자. 👸
| turn it off 이것을 끄다

🦁 안 돼! **기브**ᵛ **잇 어프** 할 수 없어!
| give it up 이것을 포기하다

step 02 어순은 너무나 간단하다.

틀리게 쓰거나 말하면 큰일 날 것 같죠?
천만에요. 오히려 기억력에 큰 도움이 됩니다.

1. 좋아, 나는 운전 안 할 것이다 / 나의 차를 / 오늘 부터
   Okay, I will not drive / my car / from today.

2. 나는 이용할 것이다 / 대중교통
   / public transport.

3. 쓰레기 분리수거하기 / 또한 / 좋은 방법이다
   / / a good idea.

4. 아, 그리고 ~이 있다 / 한 가지 더
   Ah, there is /.

5. 그게 뭔데
   ?

6. 에어컨도 ~이다 / 그 원인 / 지구 온난화에 대한, 또한
   / / for a global warming, too.

7. 끄자 이것을 / 당장
   / now.

8. 안 돼! 나는 할 수 없어 / 이것을 포기하다
   Oh, no! / !

Episode 11 나는 여름이 싫어. 211

03 영어는 리듬과 강약이다.

> 한글은 가장 뛰어난 발음기호입니다.
> 큰 소리로 미친 듯이 반복해 말하세요.

- **오우케이, 아이 윌 나앗 드롸이브ᵛ | 마이 카아ʳ | 프ᶠ롬 투데이.**
  Okay, I will not drive | my car | from today.
  좋아, 나는 운전 안 할 것이다 | 나의 차를 | 오늘부터.

  아이 윌 유우즈 | 퍼블리익 트뤤쓰포어ʳ트.
  I will use | public transport.
  나는 이용할 것이다 | 대중교통.

- **쎄퍼뤠이팅 더 트뤠쉬 이즈 | 어얼쏘우 | 어 구드 아이디이어.**
  Separating the trash is | also | a good idea.
  쓰레기 분리수거하기 | 또한 | 좋은 방법이다.

  아, 데어ʳ 이즈 | 원 모어ʳ 띵ᵗʰ.
  Ah, there is | one more thing.
  아, 그리고 ~이 있다 | 한 가지 더.

- **와츠 대앳?**
  What's that?
  그게 뭔데?

- **에어ʳ 컨디셔너ʳ 이즈 | 더 뤼이즌 | 포ᶠ어ʳ 어 글로우벌 워어ʳ밍, 투우.**
  Air conditioner is | the reason | for a global warming, too.
  에어컨도 ~이다 | 그 원인 | 지구 온난화에 대한, 또한.

  을레츠 터언ʳ 잇 어어프ᶠ | 나우.
  Let's turn it off | now.
  끄자 이것을 | 당장.

- **오우, 노우! 아이 캔트 | 기브ᵛ 잇 어프!**
  Oh, no! I can't | give it up!
  안 돼! 나는 할 수 없어 | 이것을 포기하다!

04 대화는 센스와 요령이다.
step

실전 대화는 공부가 아닙니다.
실전 대화는 센스와 요령입니다.

뜻은 충분히 통한다!

살다 보면 꼭 포기할 수 없는 것을 만나게 됩니다. 여름철의 에어컨, 살인적인 누진세에도 쉽게 포기할 수 없는 그것이지요.

포기할 수 없어 = 필요해

I can't give it up.　　**I need it.**
나는 포기할 수 없어.　　　　　　　　　　　나는 그게 필요해.

우리가 어떤 것을 포기할 수 없는 것은 그것이 너무나도 필요하기 때문이잖아요. 그러니까 다시 한번 말하지만, 여름철 에어컨 같은 거 말이에요.

🔖 **I can't give it up.**

Give up은 '포기하다'라는 뜻을 가진 동사표현입니다. Give(동사)와 up(전치사)이라는 두 개의 단어가 하나의 동사처럼 쓰이기 때문에 이어동사라고 하지요. 이런 이어동사는 it이라는 대명사가 목적어로 올 때는 꼭 둘 사이에 it을 넣어줘야 합니다.

Let's

Let's는 let us의 줄임말로, '우리 함께 하자'라는 의미의 권유를 하는 표현을 만들 때 사용됩니다.
　Let's go.　우리 함께 가자.

Sorry의 세 가지 의미

Sorry ❶
죄송합니다
사과할 때.

상황 거리를 걷다가 상대방과 부딪쳤다. 물론, 사과해야 할 것 같다.
"오, 괜찮으세요? 죄송합니다."

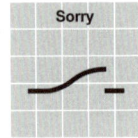

Sorry ❷
유감이야
누군가에게 혹은 어떤 것에 안타까움을 느낄 때.

상황 친구가 아프다는 소식을 들었다. 유감이라고 말해 주고 싶다.
"유감이야"

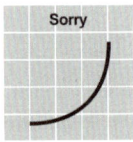

Sorry? ❸
뭐라고?
듣지 못했거나 이해가 가지 않는 것을
다시 한번 말해 달라고 정중하게 부탁할 때.

상황 친구가 하는 말을 알아듣지 못했다. 다시 한번 물어봐야겠다.
"뭐라고? 너 방금 뭐라고 그랬니?"

EPISODE 12
"요즘 고민이 있어."

01 다음 대화를 목표로
step

대화의 내용을 완전히 파악하세요.
잠시 후 이 대화를 영어로 말할 수 있게 됩니다.

왜 그렇게 **쓰이뤼어쓰** 해?
| serious 심각한

요즘 **워어뤼** 가 있거든.
| worry 고민

뭐데? 내가 **을리쓴** 해줄게.
| listen 듣다

너 내 **보이프'렌드**, 마이크 알지?
| boyfriend 남자친구

응. 몇 번 같이 **해브ᵛ 메엣** 했었잖아.
| have met 만났었다

그가 얼마 전 내게 **프뤄포우즈드** 했거든.
| proposed 청혼했다

와우. 그래서, **액쎕트** 할 거야?
| accept 받아들이다

그게 바로 내 **워어뤼** 야. **디싸이드** 를 못 하겠어.
| worry 걱정 | decide 결정하다

하지만, 너 그를 **을러브ᵛ** 하잖아.
| love 사랑하다

216

02 어순은 너무나 간단하다.
step

틀리게 쓰거나 말하면 큰일 날 것 같죠?
천만에요. 오히려 기억력에 큰 도움이 됩니다.

1 왜 너는 ~이니 / 그렇게 심각한
Why are you / so serious .

2 나는 고민을 가지고 있다 / 요즘
I have a worry / .

3 뭔데? 내가 들어줄게
What is it? / .

4 너 알지 / 내 남자친구, 마이크
/ my boyfriend, Mike ?

5 응. 우리 만났었다 / 몇 번 / 함께
/ / together .

6 그가 청혼했다 / 나에게 / 얼마 전에
/ to me / .

7 와우. 그래서, ~할 거니 / 받아들이나 / 그것을
Wow. So, will you / / ?

8 그게 바로 내 걱정이야. 결정을 못 하겠어
That is my worry. / .

9 하지만, 너 그를 사랑하잖아
.

Episode 12 요즘 고민이 있어. **217**

03 영어는 리듬과 강약이다.

step

한글은 가장 뛰어난 발음기호입니다.
큰 소리로 미친 듯이 반복해 말하세요.

- **와이 아ʳ 유우 | 쏘우 쓰이뤼어쓰?**
  Why are you | so serious?
  왜 너는 ~이니 | 그렇게 심각한?

- **아이 해브ᵛ 어 워어뤼 | 디이즈 데이즈.**
  I have a worry | these days.
  나는 고민을 가지고 있다 | 요즘.

- **왓 이즈 이트? 아이 윌 을리쓴 투 이트.**
  What is it? I will listen to it.
  뭔데? 내가 들어줄게.

- **유우 노우 | 마이 보이프ᶠ렌드, 마이크?**
  You know | my boyfriend, Mike?
  너 알지 | 내 남자친구, 마이크?

- **예쓰. 위이 해브ᵛ 메엣 | 썸타임즈 | 투게더ʳ.**
  Yes. We have met | sometimes | together.
  응. 우리 만났었다 | 몇 번 | 같이.

- **히이 프뤄포우즈드 | 투 미이 | 올레이틀리.**
  He proposed | to me | lately.
  그가 청혼했다 | 나에게 | 얼마 전에.

- **와우. 쏘우, 윌 유우 | 액쎕트 | 이트?**
  Wow. So, will you | accept | it?
  와우. 그래서, ~할 거니 | 받아들이다 | 그것을?

- **대앳 이즈 마이 워어뤼. 아이 캔트 디싸이드.**
  That is my worry. I can't decide.
  그게 바로 내 걱정이야. 결정을 못 하겠어.

- **버트, 유우 을러브ᵛ 힘.**
  But, you love him.
  하지만, 너 그를 사랑하잖아.

04 대화는 센스와 요령이다.
step

실전 대화는 공부가 아닙니다.
실전 대화는 센스와 요령입니다.

 뜻은 충분히 통한다!

'청혼하다' 라는 뜻의 영어 단어는 사실 우리에게 익숙합니다. 일상생활에서 흔히 접하는 외래어이기 때문이죠. Propose말이에요. 하지만 이것도 조금 더 간단하게 표현할 수 있는지 생각해 볼까요.

청혼하다 = 결혼하길 원하다

He proposed to me lately.

그가 얼마전에 청혼했어.

쉽게 → **He wants to marry me.**

그가 나와 결혼하기를 원하거든.

청혼이라는 게 풀어보면 결국 결혼하고 싶은 사람이 혼인을 청한다는 말이잖아요.

 **He wants to marry me.**

프러포즈할 때 항상 나오는 말이 있지요. Would you marry me? 영화에서 자주 들을 수 있는 이 표현은 통째로 외워두면 유용합니다. 또 marry와 me사이에 with가 필요 없다는 것을 잘 보여주는 표현이기 때문이지요.

I can't decide.

'결정을 못 내리고 있다'는 말을 이렇게 표현할 수도 있습니다. I'm at the crossroads. 관용적인 표현인데요, 어디로 갈지 결정하지 못한 채 사거리에 서 있는 상황에 빗댄 표현입니다.

Episode 12 요즘 고민이 있어. 219

01 다음 대화를 목표로

step

대화의 내용을 완전히 파악하세요.
잠시 후 이 대화를 영어로 말할 수 있게 됩니다.

🙂 그도 너를 사랑하고.

🙂 뭐가 **프롸아블럼** 이야?
  | problem 문제

어브ᵛ 코어ʳㅅ 난 그를 사랑하지. 🙂
| of course 물론

그런데, 그렇게 **이이지** 한 **매터ʳ** 가 아니야. 🙂
| easy 쉬운 | matter 문제

더 웨딩 은 **어나더ʳ** 한 문제라고. 🙂
| the wedding 결혼 | another 또 다른

🙂 예를 들면?

그건 일종의… **어 카안트뤡트** 잖아. 🙂
| a contract (하나의) 계약

난 뭔가에 **비이 타이드 다운** 되고 싶지는 않아. 🙂
| be tied down 얽매이다

🙂 하지만, 대신 **을러버ᵛ/ʳ** 과 항상 **비이 윗** 할 수 있어.
  | lover 사랑하는 사람 | be with 함께 있다

220

02 어순은 너무나 간단하다.
step

틀리게 쓰거나 말하면 큰일 날 것 같죠?
천만에요. 오히려 기억력에 큰 도움이 됩니다.

---

1 그 역시 / 사랑한다 / 너를
  He also / loves / you .

2 무슨 문제라도 있니
  ?

3 물론 / 나는 그를 사랑한다
  Of course , .

4 그런데, 이것은 아니다 / 그렇게 쉬운 문제
  But, it is not .

5 결혼은 ~이다 / 또 다른 문제
  The wedding is .

6 예를 들면
  ?

7 이것은 ~이다 / 일종의 / (하나의) 계약
  / a kind of … / .

8 나는 원하지 않는다 / 얽매이는 것을 / 무언가에 의하여
  I don't want .

9 하지만 / 너는 ~할 수 있다 / 항상 ~와 있다 / 사랑하는 사람
  But , .

Episode 12 요즘 고민이 있어 221

03 영어는 리듬과 강약이다.
step

한글은 가장 뛰어난 발음기호입니다.
큰 소리로 미친 듯이 반복해 말하세요.

- **히**이 **어얼쏘**우 | **을러**ㅂ스 | **유우**.
  He also | loves | you.
  그 역시 | 사랑한다 | 너를.

  이즈 데어ʳ 애니 ㅍ롸아블럼?
  Is there any problem?
  무슨 문제라도 있니?

- **어ㅂᵛ 코어ʳㅅ** | **아**이 **을러ㅂᵛ 힘**.
  Of course | I love him.
  물론 | 나는 그를 사랑한다.

  버트, 잇 이즈 나앗 | **대앳 이이**지 **매터ʳ**.
  But, it is not | that easy matter.
  그런데, 이것은 아니다 | 그렇게 쉬운 문제.

  더 웨딩 이즈 | **어나더ʳ ㅍ롸아블럼**.
  The wedding is | another problem.
  결혼은 ～이다 | 또 다른 문제.

- **ㅍᶠ어ʳ 이그잼플?**
  For example?
  예를 들면?

- **잇 이즈** | **어 카인드 어ㅂᵛ…** | **어 카안트뤡트**.
  It is | a kind of… | a contract.
  이것은 | 일종의… | (하나의)계약.

  아이 **더운트 원트** | **투 비**이 **타이드 다운** | **바**이 **썸띵ᵗʰ**.
  I don't want | to be tied down | by something.
  나는 원하지 않는다 | 얽매이는 것을 | 무언가에 의하여.

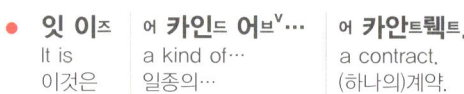

- **버트,** | **유우 캔** | **어얼웨이즈 비**이 **윗** | **유어ʳ 을러버ᵛ/ʳ**.
  But, | you can | always be with | your lover.
  하지만, | 너는 ～할 수 있다 | 항상 ～와 있다 | 사랑하는 사람.

04 대화는 센스와 요령이다.
step

실전 대화는 공부가 아닙니다.
실전 대화는 센스와 요령입니다.

뜻은 충분히 통한다!

'얽매이고 싶지 않다'는 말은 곧 무엇을 의미하는 것일까요. 무엇을 원한다는 것일까요. 자유롭게 지내고 싶다는 뜻이겠지요. 그러니 위의 말은 이렇게 바꾸어 표현하는 것이 훨씬 더 쉽고 간단하겠네요.

얽매이고 싶지 않아 = 자유롭게 지내고 싶어

I don't want to be tied down by something.

난 뭔가에 얽매이고 싶지는 않아.

쉽게 → **I want to be free.**
　　　　　난 자유롭기를 원해.

'얽매이다'라는 뜻의 단어는 tie down입니다. '묶다'라는 뜻의 단어인 tie에서 나온 표현입니다.

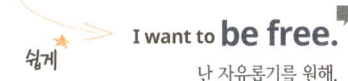 **I want to be free.**

Free는 형용사이기 때문에 be동사와 쓰이고, 전치사 to가 있어서…. 로 시작되는 설명은 넣어두겠습니다. Want to be 다음에 형용사가 나오는 형식의 문장은 굉장히 많이 쓰이기 때문에 통으로 '~기 되고 싶다'라고 외우셔도 유용합니다.

Is there any problem?

대화의 맥락상, 정말 무슨 문제가 있는지 궁금해서 물어보는 것이 아닙니다. 반어적인 표현이지요. 원래의 뜻대로, '아무것도 문제 될 게 없어'라고 하자면 Nothing is going to be a problem. 이라고 하면 되겠네요.

01 다음 대화를 목표로

step

대화의 내용을 완전히 파악하세요.
잠시 후 이 대화를 영어로 말할 수 있게 됩니다.

그것 또한 **프롸아블럼** 이야.
| problem 문제

왜? 그거 **구드 띵**th 아냐?
| good thing 좋은 거

난 내 **타임** 과 **스뻬이쓰** 가 필요해.
| time 시간 | space 공간

하지만, 그는 항상 나를 **케어**r 하겠지.
| care 상관하다

게다가, **뤼이얼리스티익** 한 **프롸아블럼스** 도 있어.
| realistic 현실적인 | problems 문제들

당장 어 **뉴우 하우스** 도 필요하잖아.
| a new house (하나의) 새집

현실적인 문제는 **오우버**v/r**컴** 할 수 있을것 같아.
| overcome 극복하다

사랑이 **모우스트 임포어**r**튼트** 한 거잖아.
| most important 가장 중요한

맞아! 사랑이 **모우스트 임포어**r**튼트** 하지.
| most important 가장 중요한

step 02 어순은 너무나 간단하다.

틀리게 쓰거나 말하면 큰일 날 것 같죠?
천만에요. 오히려 기억력에 큰 도움이 됩니다.

1. 그것은 ~이다 / 또한 문제
   That is / also a problem .

2. 왜? 이것은 ~아니니 / 좋은 문제
   / a good thing ?

3. 나는 필요하다 / 나 자신의 / 시간과 공간이
   I need / / .

4. 하지만, 그는 ~할 것이다 / 항상 / 상관하다 / 나에 대해서
   / / / .

5. 게다가, ~이 있다 / 현실적인 문제들
   Moreover, there are / .

6. 우리는 필요하다 / (하나의) 새집이 / 당장
   / a new house / .

7. 나는 생각한다 / 너는 극복할 수 있다 / 그 문제를
   I think / / .

8. 사랑은 ~이다 / 가장 중요한 것
   Love is / .

9. 맞아! 사랑이 가장 중요한 것이다
   Yes! .

Episode 12 요즘 고민이 있어. 225

step 03 영어는 리듬과 강약이다.

한글은 가장 뛰어난 발음기호입니다.
큰 소리로 미친 듯이 반복해 말하세요.

- 대앳 이즈 | 어얼쏘우 어 프**라이**블럼.
  That is | also a problem.
  그것은 ~이다 | 또한 문제.

- 와이? 이즌트 잇 | 어 **구**드 띵th?
  Why? Isn't it | a good thing?
  왜? 이것은 ~아니니 | 좋은 것?

- 아이 니이드 | 마이 오운 | **타**임 앤드 스**뻬**이쓰.
  I need | my own | time and space.
  나는 필요하다 | 나 자신의 | 시간과 공간이.

  버트 히이 월 | 어얼웨이즈 | **케**어^r | 어**바**웃미이.
  But he will | always | care | about me.
  하지만, 그는 ~할 것이다 | 항상 | 상관하다 | 나에 대해서.

  모어^r**오**우버^r, 데어^r **아**^{r} | **뤼**이얼리스틱 프**라**이블럼스.
  Moreover, there are | realistic problems.
  게다가, ~이 있다 | 현실적인 문제들.

  위이 니이드 | 어 **뉴**우 하우스 | **롸**잇 **나**우.
  We need | a new house | right now.
  우리는 필요하다 | (하나의) 새집이 | 당장.

- 아이 띵th크 | 유우 캔 오우버$^{v/r}$**컴** | 더 프**라**이블럼스.
  I think | you can overcome | the problems.
  나는 생각한다 | 너는 극복할 수 있다 | 그 문제를.

  을러브^v 이즈 | 더 **모**우스트 임포어^r**튼**트 띵th.
  Love is | the most important thing.
  사랑은 ~이다 | 가장 중요한 것.

- **예**쓰! 을러브^v 이즈 더 **모**우스트 임포어^r**튼**트 띵th.
  Yes! Love is the most important thing.
  맞아! 사랑이 가장 중요한 것이다.

04 step 대화는 센스와 요령이다.

실전 대화는 공부가 아닙니다.
실전 대화는 센스와 요령입니다.

강하게 말해보자!

이 말을 조금 더 강한 뉘앙스로 표현하자면 이렇게 말할 수도 있습니다.

~만 필요해 = ~가 전부야

I just need love!
나는 단지 사랑이 필요해!

강조

All I need is love!
내게 필요한 건 사랑이 전부야!

난 '~만 필요해'라는 말은 다시 말하자면 '필요한 건 ~가 전부야'라는 말이 되겠지요?

> **All I need is love!**

All I need를 하나의 명사라고 생각하셔도 좋습니다. '내가 필요한 모든 것' 정도로 해석할 수 있거든요. 이때 need를 want로 바꾸면 '내가 원하는 모든 것'으로도 쓸 수 있습니다. 그런데 이 말, 어디서 들어본 것 같지 않으세요? 바로 크리스마스 캐럴 'All I want for Christmas is you'에서 수없이 반복해서 나오는 그 가사랍니다.

The most

최상급 형용사는 왜 the와 함께 묶어 사용되는 것일까요. 최상급 형용사와 the가 각각 어떤 의미와 기능을 가졌는지 생각해 보면 쉽게 답이 나옵니다. 최상급은 하나밖에 없다는 뜻입니다. 하나밖에 없을 때는 그 대상이 명확하겠지요. The는 말하고자 하는 혹은 가리키는 대상이 명확할 때 사용합니다.

01 다음 대화를 목표로

대화의 내용을 완전히 파악하세요.
잠시 후 이 대화를 영어로 말할 수 있게 됩니다.

난 그저 사랑이 **니이드** 할 뿐이라고.
| need 필요하다

그런데 내가 **와이** 그런 문제를 **워어뤼** 해야 하는 거냐고.
| why 왜 | worry 걱정하다

 너 이미 **디싸이디드** 한 것 같은데…
| decided 결정했다

내 생각에도 그래. 하지만…

뤼젝트 하지를 못하겠어.
| reject 거절하다

그가 나를 **고우 어웨이** 할까 봐 **어프'뤠이드** 해.
| go away 떠나다 | afraid 두려운

02 어순은 너무나 간단하다.
step

틀리게 쓰거나 말하면 큰일 날 것 같죠?
천만에요. 오히려 기억력에 큰 도움이 됩니다.

---

1 나는 단지 필요하다 / 사랑이
I just need   love .

2 그런데 / 왜 내가 걱정해야 하니 / 그런 문제에 관해서
Then ?

3 나는 생각한다… 너는 결정했다 / 이미
I think… .

4 내 생각도 그렇다. 하지만
…

5 나는 거절할 수 없다 / 그것을
it .

6 나는 두렵다 / 그가 떠날 것이다 / 나에게서
from me .

03 영어는 리듬과 강약이다.
step

한글은 가장 뛰어난 발음기호입니다.
큰 소리로 미친 듯이 반복해 말하세요.

● **아이 저**스트 **니이**드 | **을러**브ᵛ.
I just need | love.
나는 단지 필요하다 | 사랑이.

덴 | **와**이 **슈**드 아이 **워어**뤼 | 어**바**웃 **대**앳 ㅍ**라아**블럼?
Then | why should I worry | about that problem?
그런데 | 왜 내가 걱정해야 하니 | 그런 문제에 관해서?

● 아이 **띵**ᵗʰ크… 유우 디**싸이**디드 | 어어ˈ**뤠**디.
I think… you decided | already.
나는 생각한다… 너는 결정 했다 | 이미.

● 아이 **띵**ᵗʰ크 아이 **디**드. **버**트…
I think I did. But…
내 생각도 그렇다. 하지만…

아이 **캐**엔트 **뤼젝**트 | **이**트.
I can't reject | it.
나는 거절할 수 없다 | 그것을.

아이앰 어ㅍˈ**뤠이**드 | **히**이 **윌 고**우 어**웨**이 | ㅍˈ**롬 미이**.
I'm afraid | he will go away | from me.
나는 두렵다 | 그가 떠날 것이다 | 나에게서.

04 대화는 센스와 요령이다.
step

실전 대화는 공부가 아닙니다.
실전 대화는 센스와 요령입니다.

 직접적으로 말해보자!

'거절하다'라는 표현은 여러가지가 있을 수 있습니다. 꼭 '거절하다'라는 뜻을 가진 단어만을 고집할 이유가 없는 것이지요.

거절하다 = 싫다고 말하다

I can't reject it.

거절하지를 못하겠어.

쉽게

I can't say no.

싫다는 말을 못 하겠어.

무엇인가를 거절할 때 뭐라고 하지요? No라고 말하지요.

I can't say no.

Say no는 'no라고 말하다'라고 직역할 수 있습니다. 그래서 그 뜻을 확장해서 '거절하다'로 쓰이는 것이지요. Say goodbye 역시 비슷합니다. 'goodbye를 말하다'라는 뜻이 '작별하다'라고 쓰이거든요.

I think··· you decided already.

You have decided already라고 말하는 것이 문법적으로는 더 적절합니다. 결정을 끝낸, '완료한' 상태니까 완료형 시제를 사용하는 것이지요.

Here의 두 가지 의미

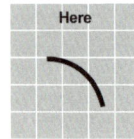

Here ^❶
이봐
상대방의 무례한 행동에 경고하려고 그를 부를 때.

상황 두 명의 사원이 회사 내에서 시끄럽게 떠들고 있다.
상사가 그 둘에게 주의를 시키기 위해 다가왔다.

"이봐, 지금 사무실에서 뭐하는 거야?"

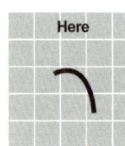

Here ^❷
네, 여기요
출석체크를 할 때 당신이 자리에 있음을 알리는 대답.

상황 수업 시작 전, 교수가 학생들의 출석을 부르고 있다.

"네, 여기요."

EPISODE 13
"90년대로 돌아가고 싶어."

01 다음 대화를 목표로
step

대화의 내용을 완전히 파악하세요.
잠시 후 이 대화를 영어로 말할 수 있게 됩니다.

뭐 **인트뤠스팅** 한 일 없나?
| interesting 재미있는

이리 와서 TV나 **와아취** 해.
| watch 보다

TV에서 뭐 하는데?

난 드라마를 **워칭** 하고 있어.
| watching 보는

저건 **어어'뤠디** 봤다고.
| already 이미

여기 **뤼모트** 있어. **원트** 하는 걸 **쓰이** 해.
| remote 리모컨 | want 원하다 | see 보다

어디 보자…

뉴스, 재방송, 스포츠, 재방송, 재미없고, 재미없고…

인트뤠스팅 한 건 하나도 없잖아!
| interesting 재미있는

02 어순은 너무나 간단하다.

**틀리게 쓰거나 말하면 큰일 날 것 같죠?
천만에요. 오히려 기억력에 큰 도움이 됩니다.**

1 뭐 없나 / 재미있는
Isn't there anything **interesting** ?

2 이리와 / 그리고 TV를 봐
　　　　　and watch TV .

3 TV에서 뭐하는데
　　　　　?

4 나는 보고 있다 / (하나의) 드라마를
　　　　　a drama .

5 나는 그거 봤다 / 이미
　　　　　already .

6 여기 리모컨 있다. 봐라 / 니가 원하는 거
　　　　　what you want .

7 어디 보사
　　　　　...

8 뉴스, 재방송, 스포츠, 재방송, 재미없고, 재미없고
News, repeat, sports, repeat ...

9 아무것도 없다 / 재미있는
　　　　　interesting !

03 영어는 리듬과 강약이다.

step

한글은 가장 뛰어난 발음기호입니다.
큰 소리로 미친 듯이 반복해 말하세요.

- **이즌트 데어ʳ 애니띵ᵗʰ | 인트뤠스팅?**
  Isn't there anything | interesting?
  뭐 없나 | 재미있는?

- **컴 히어ʳ | 앤드 와아춰 티ᵥ이.**
  Come here | and watch TV.
  이리 와 | 그리고 TV를 봐.

- **와츠 어언 티ᵥ이?**
  What's on TV?
  TV에서 뭐하는데?

- **아이앰 워칭 | 어 드라마.**
  I'm watching | a drama.
  나는 보고 있다 | (하나의) 드라마를.

- **아이 와아춰드 댙 | 어어ʳ뤠디.**
  I watched that | already.
  나는 그거 봤다 | 이미.

- **히어ʳ 이즈 어 뤼모트. 쓰이 | 왓 유우 원트.**
  Here is a remote. See | what you want.
  여기 리모컨 있다. 봐라 | 니가 원하는 거.

- **율렛 미이 쓰이···**
  Let me see···
  어디 보자···

  뉴우쓰, 뤼피이트, 스뽀어ʳ츠, 뤼피이트, 보어륑, 보어륑···
  News, repeat, sports, repeat, boring, boring···
  뉴스, 재방송, 스포츠, 재방송, 재미없고, 재미없고···

  데어ʳ 이즈 나띵ᵗʰ | 인트뤠스팅!
  There is nothing | interesting!
  아무것도 없다 | 재미있는!

04 대화는 센스와 요령이다.
step

실전 대화는 공부가 아닙니다.
실전 대화는 센스와 요령입니다.

뜻은 충분히 통한다!

바쁠 때는 그렇게 보고 싶던 TV 프로그램이 막상 시간이 나니 볼 게 없습니다.
재미있는 게 없으니 정말 지루해 죽겠네요.

Isn't there anything **interesting?**

재밌는 거 뭐 없나?

쉽게

I'm **bored** to death.

나 너무 지루해.

이번에는 재미를 찾아 헤매는 한 마리의 하이에나가 되어볼까요? 굳이 두 표현 중 하나만 골라 쓰지 않고 '지루해 죽겠네, 뭐 재미있는 거 없나?'라고 쓸 수도 있겠네요.

I'm bored to death.

Bore는 '지루하게 만들다'라는 동사인데 이렇게 be 동사+bored가 되면 수동태로 사용된 표현입니다. 즉, 지루하게 됨을 당한 것이지요. 그런데 여기서 멈추지 않고 to death까지 더해지면 이건 지루함의 극치를 나타내는 표현이 됩니다. 한마디로 '지루해 죽겠네'라는 말이지요.

I watched that already.

I have watched that already.라고 현재완료형 시제를 사용해 표현하는 것이 문법적으로는 더 적절합니다. 그러나 위처럼 과거형 시제만 사용해 말하더라도 상관없습니다.

01 다음 대화를 목표로

step

대화의 내용을 완전히 파악하세요.
잠시 후 이 대화를 영어로 말할 수 있게 됩니다.

그 드라마가 **아더'쓰** 보다 **베터'** 하다니까.
| others 다른 것들 | better 더 나은

왜 다들 **보어륑** 한 것만 보여주고들 있는 거야?
| boring 지루한

케이블 TV는 **앱쏠루우틀리** 하게 **유슬레쓰** 하다니까.
| absolutely 전적으로 | useless 쓸모없는

정말 그렇다니까. 난 그게 **원더륑** 해.
| wondering 궁금해하는

뭐가?

영 했을 때를 **띵ᵗʰ크** 해봐.
| young 어린 | think 생각하다

어 퓨ᶠ우 채널밖에 없었잖아.
| a few 몇 개의

하지만, 난 **어얼 데이** TV를 볼 수도 있었지.
| all day 온종일

맞아. 그랬었지.

step 02 어순은 너무나 간단하다.

틀리게 쓰거나 말하면 큰일 날 것 같죠?
천만에요. 오히려 기억력에 큰 도움이 됩니다.

1 그 드라마가 더 낫다 / 다른 것들보다
That drama is better than others .

2 왜 / ~가 있니 / 오직 / 지루한 것들
Why   ?

3 케이블 TV는 ~이다 / 전적으로 / 쓸모없는
                      absolutely   .

4 틀림없이 (강한 동의). 난 궁금하다 / 그게
                                 that   .

5 무엇
              ?

6 생각해 봐 / 우리가 어렸을 때에 대해
Think   .

7 오직 ~이 있었다 / 몇 개의 채널
                      a few channels .

8 하지만, 나는 할 수 있었다 / TV를 보다 / 온종일
But,   all day .

9 맞아. 그랬었다
            .

Episode 13 90년대로 돌아가고 싶어. 239

03 영어는 리듬과 강약이다.

> 한글은 가장 뛰어난 발음기호입니다.
> 큰 소리로 미친 듯이 반복해 말하세요.

- **대앳 ᴅ롸마 이즈 베터ʳ | 댄 아더ʳ ᵆ.**
  That drama is better | than others.
  그 드라마가 더 낫다 | 다른 것들보다.

- **와ᵢ | 아ʳ 데어ʳ | 오운리 | 보어륑 띵ᵗʰ즈?**
  Why | are there | only | boring things?
  왜 | ~가 있니 | 오직 | 지루한 것들을?

  어 케이브ᵇ을 티ᵢ비ᵛ이 이즈 | 앱쏠루우ᵗ리 | 유슬레ᵆ.
  A cable TV is | absolutely | useless.
  케이블 TV는 ~이다 | 전적으로 | 쓸모없는.

- **앱쏠루우ᵗ리. 아ᵢ앰 원더륑 | 댓트.**
  Absolutely. I'm wondering | that.
  틀림없이 (강한 동의). 난 궁금하다 | 그게.

- **와트?**
  What?
  무엇?

- **띵ᵗʰ크 | ₐ바웃 웬 위이 워어ʳ 영.**
  Think | about when we were young.
  생각해 봐 | 우리가 어렸을 때에 대해.

  데어ʳ 워어ʳ 오운리 | 어 퓨ᶠ우 췌널ᵆ.
  There were only | a few channels.
  오직 ~이 있었다 | 몇 개의 채널.

  버트, 아이 쿠드 | 와아춰 티ᵢ비ᵛ이 | 어얼 데ᵢ.
  But, I could | watch TV | all day.
  하지만, 나는 할 수 있었다 | TV를 보다 | 온종일.

- **댓츠 롸이트. 잇 워어즈.**
  That's right. It was.
  맞아. 그랬었다.

04 대화는 센스와 요령이다.
step

실전 대화는 공부가 아닙니다.
실전 대화는 센스와 요령입니다.

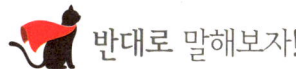 반대로 말해보자!

비교급 표현이 사용되는 문장입니다. Good의 비교급 표현인 better를 쓰면 되지요.
그렇다면 반대의 표현은 어떻게 사용될까요?

~보다 낫다 ↔ ~보다 나쁘다

That drama is better than others.

그 드라마다 다른 것보다 낫다니까.

That drama is worse than others.

그 드라마가 다른 것보다 별로다.

반대

Better의 반대말은 worse입니다. Bad의 비교급이기도 하지요.

🗨 **That drama is worse than others.**

비교급을 만드는 방법에서 사실 good과 bad는 예외적인 단어입니다. 대부분의 경우에는 단어 뒤에 er을 붙이거나 앞에 more을 붙여서 만듭니다. 음절이 1음절인 짧은 단어는 er, 3음절 이상인 긴 단어는 more을 붙이는 것이 일반적인 방법입니다.

~er + cheap 싼 = cheaper 더 싼
more + expensive 비싼 = more expensive 더 비싼

Absolute

Absolute는 '완전한, 완벽한'이라는 뜻의 단어입니다. 부사형인 absolutely는 '전적으로, 틀림없이'
라는 뜻인데요, 어떤 일에 대해 사실임을 강조할 때 덧붙여 쓸 수 있는 말입니다.

01 다음 대화를 목표로

step

대화의 내용을 완전히 파악하세요.
잠시 후 이 대화를 영어로 말할 수 있게 됩니다.

요즘엔, **헌드뤠즈 어브ᵛ** 채널이 있어.
| hundreds of 수백 개의

하지만, **인트뤠스팅** 한 건 없잖아!
| interesting 재미있는

음, 사실 **아더ʳ 띵ᵗʰ즈** 도 마찬가지야.
| other things 다른 것들

인 디 오울드 데이즈 테이프나 CD들밖에 없었잖아.
| in the old days 옛날에는

난 **어 먼뜨ᵗʰ** 에 **어 테이입** 밖에 못 샀어.
| a month 한 달 | a tape (한 장의) 테이프

그 **뮤우직** 들은 모두 **베ᵛ뤼 구드** 했지.
| music 음악 | very good 매우 좋은

하지만 **나워데이즈** 엔 모든 음악을 듣기 쉬워.
| nowadays 요즘

'인터넷 **에이쥐**' 잖아.
| age 시대

하지만… **베터ʳ** 한 것은 **파ᶠ인드** 못 하겠어.
| better 더 나은 | fine 찾다

step 02 어순은 너무나 간단하다.

틀리게 쓰거나 말하면 큰일 날 것 같죠?
천만에요. 오히려 기억력에 큰 도움이 됩니다.

1 요즘엔, ~들이 있다 / 수백 개의 채널
These days, there are / hundreds of channels .

2 하지만, 0개가 있다 / 재미있는 게
 / interesting !

3 음, 사실, 다른 것들도, 마찬가지이다
Well, actually, .

4 ~가 있었다 / 오직 / 테이프와 CD / 옛날엔
 / only / / .

5 나는 살 수 있었다 / 오직 / (한 장의) 테이프 / 한 달에
 / / a tape / .

6 모든 그 음악은 ~이었다 / 매우 좋은
 / very good .

7 하지만 요즘엔 / 이것은 쉽다 / 듣는 것은 / 모든 음악을
 , / to listen / .

8 '인터넷 시대' 이다
 .

9 하지만… 난 못 찾겠다 / 더 나은 것을
But… I can't find / .

Episode 13 90년대로 돌아가고 싶어. 243

03 영어는 리듬과 강약이다.

step

한글은 가장 뛰어난 발음기호입니다.
큰 소리로 미친 듯이 반복해 말하세요.

- **디이즈 데이즈, 데어ʳ 아ʳ** | **헌드뤠즈 어브ᵛ 췌널스.**
  These days, there are | hundreds of channels.
  요즘엔, ~들이 있다 | 수백 개의 채널.

  버트, 데어ʳ 이즈 나띵ᵗʰ | **인트뤠스팅!**
  But, there is nothing | interesting!
  하지만, 0개가 있다 | 재미있는 게!

- **웰, 액츄얼리, 아더ʳ 띵ᵗʰ즈, 투우.**
  Well, actually, other things, too.
  음, 사실, 다른 것들도, 마찬가지이다.

  데어ʳ 워어ʳ | **오운리** | **테입스 앤드 쓰이디스** | **인 디 오울드 데이즈.**
  There were | only | tapes and CDs | in the old days.
  ~가 있었다 | 오직 | 테이프와 CD | 옛날엔.

  아이 쿠드 바이 | **오운리** | **어 테이입** | **어 먼ᵗʰ.**
  I could buy | only | a tape | a month.
  나는 살 수 있었다 | 오직 | (한 장의) 테이프 | 한 달에.

  어얼 댓 뮤우직 워어ʳ | **베ᵛ뤼 구드.**
  All that music were | very good.
  모든 그 음악은 ~이었다 | 매우 좋은.

  버엇 나워데이즈, | **잇 이즈 이이지** | **투 을리쓴** | **투 어얼 뮤우지크.**
  But nowadays, | it is easy | to listen | to all music.
  하지만 요즘엔, | 이것은 쉽다 | 듣는 것은 | 모든 음악을.

  잇츠 '더 인터ʳ넷 에이쥐'.
  It's 'the internet age'.
  '인터넷 시대' 이다.

  버트··· 아이 캔트 파ᶠ인드 | **애니띵ᵗʰ 베터ʳ.**
  But··· I can't find | anything better.
  하지만··· 난 못 찾겠다 | 더 나은 것을.

04 대화는 센스와 요령이다.
step

실전 대화는 공부가 아닙니다.
실전 대화는 센스와 요령입니다.

멋지게 말해보자!

혹시 '마이마이'라는 단어를 아시나요? Mp3 전에는 이 '마이마이'가 잇아이템이었는데 요즘에는 찾아보기 힘드네요.

~가 있었다 = ~하곤 했다

There were only tapes and CDs in the old days.

예전엔 테이프나 CD들만 있었다.

심화

There **used to** be only tapes and CDs in the past.

예전에는 테이프와 CD들만 있었지.

Used to~는 '~하곤 했다, 과거에는 ~이었다'라는 뜻의 표현입니다.

There used to be only tapes and CDs in the past.

사실 두 표현에는 한 가지 차이점이 있습니다. There were을 쓰면 과거에 어떤 사물이 있었다는 것을 나타내지만 그게 지금도 있는지 없는지는 알 수 없습니다. 하지만 used to를 쓰게 되면 과거에는 있었지만 지금은 없어졌다는 것을 나타내는 표현이 됩니다.

I could buy only a tape a month.

여기서 a는 '~마다'라는 뜻으로 쓰였습니다. 그래서 a month는 '한 달마다'가 되는 것이지요.

Episode 13 90년대로 돌아가고 싶어

01 다음 대화를 목표로
step

대화의 내용을 완전히 파악하세요.
잠시 후 이 대화를 영어로 말할 수 있게 됩니다.

맞아. '테이프 **에이쥐**'가 **미쓰** 해.
| age 시대 | miss 그리워하다

90년대로 **배액** 하고 싶어.
| back 돌아가다

오울드 무우비ᵛ 나 보는 게 어때?
| old movie 옛날 영화

좋아! DVD를 **뤤트** 해올게.
| rent 빌리다

키딩 해? 인터넷 시대잖아!
| kidding 장난하는

몇 분이면 다운받을 수 있다고.

246

02 어순은 너무나 간단하다.
step

틀리게 쓰거나 말하면 큰일 날 것 같죠?
천만에요. 오히려 기억력에 큰 도움이 됩니다.

1 맞아. 난 그립다 / '테이프 시대'
Right. I miss / 'the tape age' .

2 나는 원한다 / 돌아가기를 / 90년대로
/ / to the nineties .

3 보는 게 어때 / (하나의) 옛날 영화
/ an old movie ?

4 좋아! 내가 빌려올게 / (하나의) DVD를
/ a DVD .

5 나 놀리는 거야 / 인터넷 시대잖아
? It's the internet age !

6 나는 다운 받을 수 있다 / 몇 분 안에
/ in minutes .

Episode 13 90년대로 돌아가고 싶어 247

03 영어는 리듬과 강약이다.

step

한글은 가장 뛰어난 발음기호입니다.
큰 소리로 미친 듯이 반복해 말하세요.

- **롸_이트. 아_이 미^쓰 | '더 테이_입 에이^쥐'.**
  Right. I miss | 'the tape age'.
  맞아. 난 그립다 | '테이프 시대'.

- **아_이 원트 | 투 고_우 배액 | 투 더 나인티_스.**
  I want | to go back | to the nineties.
  나는 원한다 | 돌아가기를 | 90년대로.

- **하_우 어바웃 워칭 | 언 오울_드 무우비^v?**
  How about watching | an old movie?
  보는 게 어때 | (하나의) 옛날 영화?

- **오_우케_이! 아_이 윌 뤤트 | 어 디브^v이디.**
  Okay! I will rent | a DVD.
  좋아! 내가 빌릴게 | (하나의) DVD를.

- **아^r 유우 키딩 미이? | 잇^츠 더 인터^r넷 에이^쥐!**
  Are you kidding me? | It's the internet age!
  나 놀리는 거야? | 인터넷 시대잖아!

  아_이 캔 다운로_우드 잇 | 인 미니_츠.
  I can download it | in minutes.
  나는 다운 받을 수 있다 | 몇 분 안에.

04 대화는 센스와 요령이다.
step

실전 대화는 공부가 아닙니다.
실전 대화는 센스와 요령입니다.

 뜻은 충분히 통한다!

'90년대로 돌아가고 싶다'라는 표현은 사실 외우기 쉽습니다. 우리에게는 'Back to the future'라는 영화가 있잖아요. 이 영화 제목만 안다면 이 정도 표현쯤이야 아무것도 아니죠.

돌아가고 싶어 = 그리워

I want to go back to the nineties.

나 90년대로 돌아가고 싶어.

🗨 **I miss** the nineties.

나 90년대가 그리워.

이 영화를 모르신다면, 혹은 더 짧게 바꿔쓴다면 이렇게 쓸 수도 있지요.

🗨 **I miss the nineties.**

90년대를 표기하는 방법은 the nineties입니다. 숫자를 이용해 표기하면 the 90's가 되니 더 보기 쉬울 것 같습니다. 이처럼 년대를 나타내는 표현은 앞에 the를 써주고 숫자 뒤에 's를 붙여주면 되는 것이지요. 영어로 표기할 때는 -ty로 끝나는 숫자 표현들을 -ties로 바꿔주면 됩니다.

Are you kidding me?

Kid라는 단어는 '아이' 또는 '농담하다'라는 뜻을 가지고 있습니다. 여기서는 be동사와 진행형으로 썼으니 당연히 '농담하다'라는 동사로 쓰인 것이지요. '지금 나랑 장난해?' 또는 '진심이야?' 같은 뉘앙스로 자주 쓰이는 표현입니다.

I mean의 세 가지 의미

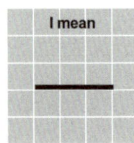

I mean ❶
그러니까

방금 말했던 것을 좀 더 명확하게 표현하고 싶을 때.

상황 당신이 낸 아이디어는 사실, 당신의 친구가 먼저 꺼낸 생각이었다.
그걸 정확히 말해줘야 할 것 같다.

"이거 그 남자애 생각이야. 그러니까, 맥 말이야."

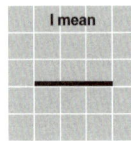

I mean ❷
제 말은

당신이 방금 말했던 것을 정정할 때.

상황 당신은 홍차를 마시고 싶다. 그런데 말이 헛나왔다. 녹차를 마시고 싶다고 말이다.

"저는 녹차를 마시고 싶어요. 아니, 제 말은, 홍차 말이에요."

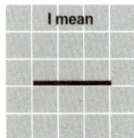

I mean ❸
내 말은

당신이 방금 했던 말을 정당화하는 발언을 시작할 때.

상황 친구들과 함께 Mac과 작업하는 것에 대해서 이야기하고 있다.
사실, 당신은 이미 Mac에게 그의 의사를 물어봤었고 그도 긍정적인 반응을 보였었다.

"분명 그러지 않을걸. 내 말은, 사실 내가 맥에게 물어봤었거든."

EPISODE 14
"나는 그를 싫어해."

01 다음 대화를 목표로

step

대화의 내용을 완전히 파악하세요.
잠시 후 이 대화를 영어로 말할 수 있게 됩니다.

티임메이트 는 정했어?
| teammate 팀 동료

아직. **띵th킹** 중이야.
| thinking 생각하는

구ᄃ 원 있어?
| good one 괜찮은 사람

 릭이 **유어ʳ 티임** 이 되기를 **원츠** 하더라고.
| your team 네 팀 | wants 원하다

릭? 릭 마틴 말하는 거야?

 걔 알아?

응. **뜨th뤼이 이이어ʳ스 어고우** 에도 함께 일했었어.
| three years ago 3년 전

 그뤠이트 하네! 걔랑 다시 **비이 윗** 해!
| great 훌륭한 | be with 함께하다

아, 싫어. 나 걔 **헤잇** 해.
| hate 싫어하다

02 어순은 너무나 간단하다.
step

틀리게 쓰거나 말하면 큰일 날 것 같죠?
천만에요. 오히려 기억력에 큰 도움이 됩니다.

1 너 정했니 / 너의 팀 동료를
Did you decide   your teammate ?

2 아직. 나는 생각 중이다 / 그것에 관해서
                              about that .

3 ~이 있니 / 아무 좋은 사람
Is there   ?

4 릭이 원한다 / 되기를 / 너의 팀
Rick wants   .

5 릭? 릭 마틴
Rick? Rick Martin ?

6 너 그를 아니
                    ?

7 응. 나는 일했다 / 그와 함께 / 3년 전에
                    with him   .

8 잘됐네! 그와 같이해 / 다시
                              again !

9 아, 싫어. 나는 그를 싫어해
Ah, noooooo,   .

Episode 14 나는 그를 싫어해. 253

step 03 영어는 리듬과 강약이다.

한글은 가장 뛰어난 발음기호입니다.
큰 소리로 미친 듯이 반복해 말하세요.

- **디드 유우 디싸이드 | 유어ʳ 티임메이트?**
  Did you decide | your teammate?
  너 정했니 | 너의 팀 동료를?

- **나앗 예트. 아이앰 띵ᵗʰ킹 | 어바웃 대트.**
  Not yet. I'm thinking | about that.
  아직. 나는 생각 중이다 | 그것에 관해서.

  이즈 데어ʳ | 애니 구드 원?
  Is there | any good one?
  ~이 있니 | 아무 좋은 사람?

- **뤼익 원츠 | 투 비이 | 유어ʳ 티임.**
  Rick wants | to be | your team.
  릭이 원한다 | 되는 것을 | 너의 팀.

- **뤼크? 뤼익 마아ʳ틴?**
  Rick? Rick Martin?
  릭? 릭 마틴?

- **두우 유우 노우 힘?**
  Do you know him?
  너 그를 아니?

- **예쓰. 아이 워억ʳ드 | 윗 힘 | 뜨ᵗʰ뤼이 이이어ʳ스 어고우.**
  Yes. I worked | with him | 3 years ago.
  응. 나는 일했다 | 그와 함께 | 3년 전에.

- **댓츠 그뤠이트! 비이 윗 힘 | 어게인!**
  That's great! Be with him | again!
  잘됐네! 그와 같이해 | 다시!

- **아, 노오오오오오. 아이 헤잇 힘.**
  Ah, noooooo. I hate him.
  아, 싫어. 나는 그를 싫어해.

04 대화는 센스와 요령이다.
step

실전 대화는 공부가 아닙니다.
실전 대화는 센스와 요령입니다.

 뜻은 충분히 통한다!

과거의 어느 시점에 무엇인가를 했느냐고 묻는 것이지요. 그 결정의 목적 등은 중요하지 않습니다. 단지 경험의 여부만이 중요할 뿐이고요. 이런 경우, 현재완료 시제를 사용하여 **Have you decided your teammate?**라고 묻는 것이 문법적으로는 더 적절합니다.

현재완료 시제

Did you decide your teammate?

팀 동료는 정했어?

Have you decided your teammate?

심화

팀 동료는 정했어?

🗨 Have you decided your teammate?

Mate는 '친구'를 가리키는 표현입니다. 단독으로도 쓸 수 있지만 학교나 방, 집 같은 단어와 결합하기도 합니다.

- **roommate** 룸메이트. 방을 같이 공유하는 사람.
- **housemate** 집을 같이 공유하는 사람
- **classmate** 반 친구
- **teammate** 팀 동료

이런 경우에는 친구라기 보다는 함께 생활을 같이하거나 활동을 하는 사람을 가리키는 표현입니다.

Rick? Rick Martin?

'너 지금 릭 마틴을 말하는 거야?' 혹은 '네가 지금 말하는 사람이 릭 마틴이야?' 이 말을 그대로 영어로 옮기자면 이렇게 말해야겠지요. Do you mean Rick Martin? Are you talking about Rick Martin? 하지만 위의 상황에서는 대화의 맥락이 있으니, 간단하게 'Rick Martin?'이라고 툭 던져주기만 하면 되는 것이지요.

01 다음 대화를 목표로
step

대화의 내용을 완전히 파악하세요.
잠시 후 이 대화를 영어로 말할 수 있게 됩니다.

왜? **구드 가이** 이잖아.
| good guy 좋은 녀석

쓰이뤼어쓸리? 걔 정말 **썩ㅅ** 이야!
| seriously 진지하게 | sucks 형편없다

다들 그를 **을라익ㅅ** 한다고.
| likes 좋아한다

에브ˇ뤼원 은 아니지.
| everyone 모두

나는 **엑쎕트** 해 줘.
| except 제외하다

음… 무슨 이유라도 있어?

그는 말이 **투우 머취** 해.
| too much 너무 많이

그건 몰랐네.

삼 년 전에는 내가 그의 **보오ㅆ** 였어.
| boss 상사

02 어순은 너무나 간단하다.
step

틀리게 쓰거나 말하면 큰일 날 것 같죠?
천만에요. 오히려 기억력에 큰 도움이 됩니다.

1 왜? 그는 좋은 녀석이다
Why? He is a good guy .

2 진심이야? 걔 정말 별로야
!

3 모두 　　좋아한다 　　그를
　　　　　　　　　　　　　　him .

4 모두는 아니다
.

5 제외해라 　　나를
　　　　　　　me .

6 음… 너는 있니 　　무슨 이유
Hmm… ?

7 그는 말한다 　　너무 많이
He talks .

8 그건 몰랐다
I didn't .

9 3년 전에, 나는 그의 상사였다
3 years ago, .

Episode 14 나는 그를 싫어해 257

03 영어는 리듬과 강약이다.
step

한글은 가장 뛰어난 발음기호입니다.
큰 소리로 미친 듯이 반복해 말하세요.

● **와이? 히이 이즈 어 구드 가이.**
Why? He is a good guy.
왜? 그는 좋은 녀석이다.

● **쓰이뤼어쓸리? 히이 뤼얼리 썩스!**
Seriously? He really sucks!
진심이야? 걔 정말 별로야!

● **에브ᵛ뤼원 | 을라익쓰 | 힘.**
Everyone | likes | him.
모두 | 좋아한다 | 그를.

● **나앗 에브ᵛ뤼원.**
Not everyone.
모두는 아니다.

　엑쎕트 | 미이.
　Except | me.
　제외해라 | 나를.

● **흐음… 두우 유우 해브ᵛ | 애니 뤼이즌?**
Hmm… Do you have | any reason?
음… 너는 있니 | 무슨 이유?

● **히이 터억쓰 | 투우 머취.**
Ahe talks | too much.
그는 말한다 | 너무 많이.

● **아이 디든트 노우 댓트.**
I didn't know that.
그건 몰랐다.

● **뜨ᵗʰ뤼이 이이어ʳ스 어고우, 아이 워어즈 히즈 보오쓰.**
3 years ago, I was his boss.
3년 전에, 나는 그의 상사였다.

04 대화는 센스와 요령이다.
step

실전 대화는 공부가 아닙니다.
실전 대화는 센스와 요령입니다.

뜻은 충분히 통한다!

모두가 Yes!라고 할 때 No라고 하는 사람이 분명 있습니다. 그러니 every라는 표현에서 몇 명 빼주는 표현도 알아두면 좋겠지요?

제외해줘 = 모두는 아니다

Except me.  **Not everyone.**
나는 빼 줘.   쉽게   모두는 아니야.

Everybody에서 '내'가 빠졌는데 계속 everybody를 쓸 수는 없잖아요?

🔹 **Not everyone.**

Not everyone은 0명이라는 의미가 아닙니다. 전부가 그런 것은 아니라는 의미의 표현이지요. 다른 말로 하자면 **'범위를 부정하는 표현'**이라고도 할 수 있겠네요.

- **Not everyone** is in the classroom.
  모두가 교실에 있는 것은 아니다.
- **Most of them** are in the classroom.
  대부분이 교실에 있다.
- **Some of them** are in the classroom.
  몇몇은 교실에 있다.

He talks too much.

He is too talkative.라고 표현할 수도 있습니다. Talkative는 '말이 많은, 수다스러운'이라는 뜻의 형용사입니다.

01 다음 대화를 목표로

대화의 내용을 완전히 파악하세요.
잠시 후 이 대화를 영어로 말할 수 있게 됩니다.

하지만, 난 마치 그가 내 **보오쓰** 인 것처럼 **페'엘트** 했다니까.
| boss 상사 | felt 느꼈다

 하하, 그건 **투우 머취** 했네.
| too much 심한

정말이야!

 하지만, 그는 널 **을라익쓰** 하는 것 같던데?
| likes 좋아하다

걘 왜 그러는 거야? **언더'스탠드** 할 수 없네.
| understand 이해하다

 다시 한번 생각해 봐.

난 **마인드** 를 **췌인쥐** 하지 않을 거야.
| mind 마음 | change 바꾸다

 음, 그것참 유감이네.

왜?

02 어순은 너무나 간단하다.
step

틀리게 쓰거나 말하면 큰일 날 것 같죠?
천만에요. 오히려 기억력에 큰 도움이 됩니다.

1 하지만, 나는 ~처럼 느꼈다 / 그가 나의 상사였다
But, I felt like / he was my boss .

2 하하, 그건 심했다
Ha-ha, .

3 정말
!

4 하지만, 난 생각한다 / 그가 널 좋아한다고
But, I think .

5 그는 뭐가 잘못된 거야? 이해할 수 없다
What's wrong with him? .

6 생각해라 / 다시
again .

7 나는 바꾸지 않을 것이나 / 나의 마음을
my mind .

8 음, 나는 유감이야 / 그것을 듣게 돼서
to hear that .

9 왜
?

03 영어는 리듬과 강약이다.

step

한글은 가장 뛰어난 발음기호입니다.
큰 소리로 미친 듯이 반복해 말하세요.

- **버트, 아이 페'엘트 을라익** | **히이 워어즈 마이 보오쓰.**
  But, I felt like | he was my boss.
  하지만, 나는 ~처럼 느꼈다 | 그가 나의 상사였다.

- **하-하, 대앳 워어즈 투우 머취.**
  Ha-ha, that was too much.
  하하, 그건 심했다.

- **뤼얼리!**
  Really!
  정말!

- **버트, 아이 띵ᵗʰ크** | **히이 을라익쓰 유우.**
  But, I think | he likes you.
  하지만, 난 생각한다 | 그가 널 좋아한다고.

- **와이 더즈 히이? 아이 캐엔트 언더ʳ스탠드 이트.**
  What's wrong with him. I can't understand it.
  그는 뭐가 잘못된 거야? 이해할 수 없다.

- **띵ᵗʰ크** | **어게인.**
  Think | again.
  생각해라 | 다시.

- **아이 윌 나앗 췌인쥐** | **마이 마인드.**
  I will not change | my mind.
  나는 바꾸지 않을 것이다 | 나의 마음을.

- **웰, 아이앰 싸아뤼** | **투 히어ʳ 대트.**
  Well, I'm sorry | to hear that.
  음, 나는 유감이야 | 그것을 듣게 돼서.

- **와이?**
  Why?
  왜?

04 대화는 센스와 요령이다.
step

실전 대화는 공부가 아닙니다.
실전 대화는 센스와 요령입니다.

뜻은 충분히 통한다!

'유감이에요'라는 표현은 어떨 때 사용할까요? 좋지 않은 일이 생겼을 때 사용하는 것을 생각해보면 우리가 아주 잘 아는 단어로도 충분히 유감을 나타낼 수 있습니다.

유감이야 = 안됐네

I am sorry to hear that.
그것을 듣게 되서 유감이야.

쉽게

That's too bad.
그거 참 안됐다.

구체적이고 어려운 단어는, 그것을 설명하듯 쉬운 단어로 풀어주면 된다고 했지요. 이렇게요.

🗨 **That's too bad.**

Too에는 우리말 '너무'와 마찬가지로 부정적인 뉘앙스가 숨어있다고 소개한 적이 있었는데요, 부정의 대명사 **Bad**와 함께 쓰이면 이렇게 유감을 나타내는 표현이 될 수도 있습니다. 대신, **bad**는 **sorry**보다는 격식을 차리지 않은 표현이기 때문에 중요한 자리에서는 **sorry**를 사용하는 것이 좋습니다.

That was too much.

Too much는 '과도하게'라는 뜻을 가진 표현입니다. That was too much는 정도가 심한 상황이라면 '그건 너무한데' 또는 '그건 너무 많은데' 등으로 해석될 수 있습니다.

01 다음 대화를 목표로
step

대화의 내용을 완전히 파악하세요.
잠시 후 이 대화를 영어로 말할 수 있게 됩니다.

어어'뤠디 네 상사에게 **토울드** 해뒀거든.
| already 이미　　　　　　　　| told 말했다

네가 그를 **액쎕트** 할 거로 생각했지.
| accept 받아들이다

뭐? 뭐라고 **쎄이** 했는데?
| say 말하다

너와 릭이 **투게더'** 할 거라고 말이야.
| together 함께

그리고… 네 **보오쓰** 가 **액쎕티드** 했지.
| boss 상사　　| accepted 승인했다

다 **피'니쉬드** 된 일이야.
| finished 끝난

이런 젠장!!!

02 어순은 너무나 간단하다.
step

틀리게 쓰거나 말하면 큰일 날 것 같죠?
천만에요. 오히려 기억력에 큰 도움이 됩니다.

1 난 너의 상사에게 말했다 / 이미
I told your boss   already .

2 난 생각했다 / 네가 받아들일 거라고 / 그를
(　　) (　　) him .

3 뭐? 너는 뭐라고 말했니
(　　　　　) ?

4 너와 릭이 / ~일 거라고 / 함께
You and Rick (　　) (　　) .

5 그리고… 너의 상사가 승인했다
And… (　　　　) .

6 이것은 ~이다 / 끝난
(　　) finished .

7 이런 젠장
God damn !!!

Episode 14 나는 그를 싫어해. 265

03 영어는 리듬과 강약이다.
step

한글은 가장 뛰어난 발음기호입니다.
큰 소리로 미친 듯이 반복해 말하세요.

- **아이 토울드 유어ʳ 보오ㅆ │ 어어ʳ뤠디.**
  I told your boss . already.
  난 너의 상사에게 말했다 │ 이미.

  아이 떠ᵗʰ엇 │ 유우 윌 액쎕트 │ 힘.
  I thought │ you will accept │ him.
  난 생각했다 │ 네가 받아들일 거라고 │ 그를.

- **와트? 왓 디드 유우 쎄이?**
  What? What did you say?
  뭐? 너는 뭐라고 말했니?

- **유우 앤드 뤼익 │ 윌 비이 │ 투게더ʳ.**
  You and Rick │ will be │ together.
  너와 릭이 │ ~일 거라고 │ 함께.

  앤드… 유어ʳ 보오ㅆ 액쎕티드 이트.
  And… Your boss accepted it.
  그리고… 너의 상사가 승인했다.

  잇 이ㅈ │ 피ᶠ니쉬드.
  It is │ finished
  이것은 ~이다 │ 끝난.

- **가아드 댐!!!**
  God damn!!!
  이런 젠장!!!

04 대화는 센스와 요령이다.
step

실전 대화는 공부가 아닙니다.
실전 대화는 센스와 요령입니다.

뜻은 충분히 통한다!

본문의 What did you say는 중의적인 표현입니다. '너 내 상사한테 뭐라고 했어?' 라는 질문도 될 수 있고, '너 지금 무슨 말을 하는 거야?' 라는 표현이 될 수도 있지요. 뭐라고요? 라고 묻는 표현에 대해 더 알아볼까요?

	Sorry?
	I'm sorry?
	Come again?
뭐라고 하셨죠?	Pardon?
	I beg your pardon?
	What was that (again)?
	What did you say?

이 모든 표현이 의미하는 바는 모두 한 가지입니다. 뭐라고 하셨죠?

Sorry?

영어는 단어가 가지고 있는 뜻도 중요하지만, 그 말을 하는 어조도 중요합니다. Sorry라고 한다고 해서 다 미안한 의미를 나타내는 것은 아닙니다. 어떤 어조로 말하느냐에 따라 '미안하지만 지금 무슨 말을 하신 거죠?' 라고 되묻는 표현이 될 수도, '뭐라고?' 하고 공격적으로 말하는 표현이 될 수도 있습니다. 좀 더 정중한 표현이 쓰고 싶다면 Pardon 혹은 I beg your pardon을 사용하면 됩니다.

It is finished.

이미 결정된 일에 대해서 말할 때는, It is a done deal이라는 표현도 많이 사용합니다.

You know의 두 가지 의미

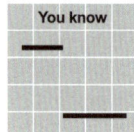

You know ❶
알잖아 그거
대화하고 있는 상대방이 알만한 이야기를 언급하면서,
당신 말의 의미를 더 명확하게 설명하려 할 때.

상황 파티에 갈 예정인 동생이 당신에게 무엇을 입어야 할지에 대해 물어본다.
구체적으로 언급하며 설명을 해 주기로 한다.

"하얀색 드레스 입어, 알잖아 그거, 검은색 구슬이 박혀 있는 거."

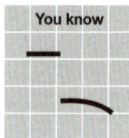

You know ❷
있잖아
당신이 말하고 있는 것에 관심을 집중시키거나 그것을 강조할 때.

상황 친구가 오늘 시험이 어땠는지 물어본다. 사실 그 시험은 정말 어려웠다.

"있잖아, 진짜 어려웠어."

EPISODE 15
"나 직장 그만뒀어."

01 다음 대화를 목표로

step

대화의 내용을 완전히 파악하세요.
잠시 후 이 대화를 영어로 말할 수 있게 됩니다.

여기서 뭐 하는 거야?

쇼핑하고 있잖아.

🙂 너 지금 **워어'킹** 하고 있어야 하잖아.
| working 일하는

🙂 **베V이케이션** 중이야?
| vacation 휴가

아, 나 직장 그만뒀어. 🙂

🙂 왜? 네 **자아ㅂ** 을 좋아했었잖아.
| job 일

그랬었지. 🙂

하지만, 이제 **타이어'드** 해버렸어. 🙂
| tired 지친

🙂 **워'크 투 두우** 가 너무 많았어?
| work to do 할 일

02 어순은 너무나 간단하다.
step

틀리게 쓰거나 말하면 큰일 날 것 같죠?
천만에요. 오히려 기억력에 큰 도움이 됩니다.

---

1 너 뭐 하고 있니 / 여기서
What are you doing / here .

2 나는 쇼핑하고 있어 / 지금
I'm shopping .

3 너는 해야만 한다 / 일하고 있는 / 지금
be working .

4 너는 ~이니 / 휴가 중
Are you ?

5 아, 나 그만뒀다 / 나의 직장을
my job .

6 왜? 너는 좋아했다 / 너의 일을
Why? You loved .

7 그랬었다

8 하지만, 나는 너무 지쳤다 / 내 일에
with my work .

9 너는 가지고 있었니 / 많은 / 할 일이
Did you have ?

Episode 15 나 직장 그만뒀어

step 03 영어는 리듬과 강약이다.

한글은 가장 뛰어난 발음기호입니다.
큰 소리로 미친 듯이 반복해 말하세요.

- **왓 아ㄹ 유우 두우잉 | 히어ㄹ?**
  What are you doing | here?
  너 뭐 하고 있니 | 여기서?

- **아이앰 샤아삥 | 나우.**
  I'm shopping | now.
  나는 쇼핑하고 있어 | 지금.

- **유우 해브V 투 | 비이 워어킹 | 나우.**
  You have to | be working | now.
  너는 해야만 한다 | 일하고 있는 | 지금.

  아ㄹ 유우 | 어언 베V이케이션?
  Are you | on vacation?
  너는 ~이니 | 휴가 중?

- **아, 아이 쿠윗 | 마이 자아브.**
  Ah, I quit | my job.
  아, 나 그만뒀다 | 나의 직장을.

- **와이? 유우 을러어브V드 | 유어ㄹ 자아브.**
  Why? You loved | your job.
  왜? 너는 좋아했다 | 너의 일을.

- **아이 디드.**
  I did.
  그랬었다.

  버트, 아이 워어즈 투우 타이어ㄹ드 | 윗 마이 워어ㄹ크.
  But, I was too tired | with my work.
  하지만, 나는 너무 지쳤다 | 내 일에.

- **디드 유우 해브V | 어 을라앗 | 어브V 워ㄹ크 투 두우?**
  Did you have | a lot | of work to do?
  너는 가지고 있었니 | 많은 | 할 일이?

04 대화는 센스와 요령이다.
step

실전 대화는 공부가 아닙니다.
실전 대화는 센스와 요령입니다.

멋지게 말해보자!

Tired는 가장 일반적으로 쓰이는 말로 우리말의 '피곤해'와 같습니다. 그런데 정말 너무 힘들어서 이 '피곤해'라는 말로는 부족하다고 생각될 때는 어떻게 해야 할까요?

지쳤어 = 기진맥진한, 진이 빠진

But, I was too tired with my work.

하지만 이제 내 일에 지쳐버렸어.

I was totally exhausted with my work.

심화

나는 내 일에 진이 빠져버렸어.

Totally는 '완전히', exhausted는 '기진맥진한, 진이 빠진'이라는 뜻이에요.

I was totally exhausted with my work.

exhaust는 '기진맥진하게 만들다'라는 뜻을 가진 동사입니다. 이 동사가 be + exhausted와 같이 수동태가 되면 '기진맥진하게 됨을 당하다'라는 뜻이 되는 것이지요. 일이 지친다고 할 때 This work is exhausted라고 하면 틀린 표현이 되는 이유가 바로 이것 때문입니다. 일은 사람을 지치게 '만드는' 것이기 때문에 수동태를 쓸 수 없는 것이지요.

You have to be working now.

조금 더 정확히 말하자면 이렇게 표현할 수도 있습니다. You are supposed to be at work now. Be supposed to~는 '~하기로 되어 있다'라는 뜻입니다.

01 다음 대화를 목표로

대화의 내용을 완전히 파악하세요.
잠시 후 이 대화를 영어로 말할 수 있게 됩니다.

그런 건 아니었어.

그냥… **아더ʳ 워어ʳ크** 를 하고 싶어.
| other work 다른 일

위취 일?
| which 어떤

그건 **쓰이크뤼트** 이야.
| secret 비밀

왜? 마피아라도 **죠인** 하려는 거야?
| join 가입하다

액츄얼리, 난 뮤지컬 **액터ʳ** 가 되고 싶어.
| actually 사실 | actor 배우

와우, 이런 미친!

나도 알아.

내그 하려 하지 마.
| nag 잔소리하다

02 어순은 너무나 간단하다.
step

틀리게 쓰거나 말하면 큰일 날 것 같죠?
천만에요. 오히려 기억력에 큰 도움이 됩니다.

1. 아니었다
   No, I didn't .

2. 나는 단지… 하고 싶다 　　　다른 일을
   　　　　　　　　　　　　　other work .

3. 어떤 일
   　　　　　　　?

4. 비밀이다
   　　　　　.

5. 왜? 너는 원하니 　　　마피아에 들어가는걸
   Why? Do you want 　　　　　　　　　?

6. 사실, 난 되고 싶다 　　　(하나의) 뮤지컬 배우가
   　　　　　　　　　　　a musical actor .

7. 와우, 그건 미쳤어
   　　　　　　　!

8. 나는 안다
   　　　　.

9. 시도하지 마 　　　잔소리하는 걸
   　　　　　　　to nag .

Episode 15 나 직장 그만뒀어

step 03 영어는 리듬과 강약이다.

한글은 가장 뛰어난 발음기호입니다.
큰 소리로 미친 듯이 반복해 말하세요.

- **노우, 아이 디든트.**
  No, I didn't.
  아니었다.

  아이 저스트… 원트 투 두우 | **아더ʳ 워어ʳ크.**
  I just… want to do | other work.
  나는 단지… 하고 싶다 | 다른 일을.

- **위취 워어ʳ크?**
  Which work?
  어떤 일?

- **잇츠 어 쓰이크뤼트.**
  It's a secret.
  비밀이다.

- **와이? 두우 유우 원트** | **투 죠인 더 마아피ʳ아?**
  Why? Do you want | to join the Mafia?
  왜? 너는 원하니 | 마피아에 들어가는 걸?

- **액츄얼리, 아이 원트 투 비이** | **어 뮤우지컬 액터ʳ.**
  Actually, I want to be | a musical actor.
  사실, 난 되고 싶다 | (하나의) 뮤지컬 배우가.

- **와우, 잇츠 크뤠이지!**
  Wow, it's crazy!
  와우, 그건 미쳤어!

- **아이 노우.**
  I know.
  나는 안다.

  더운트 트롸이 | **투 내그.**
  Don't try | to nag.
  시도하지 마 | 잔소리하는 걸.

step 04 대화는 센스와 요령이다.

실전 대화는 공부가 아닙니다.
실전 대화는 센스와 요령입니다.

뜻은 충분히 통한다!

'할 일이 너무 많았어?'를 그대로 영어로 옮기자면 이렇게 말해야 합니다. **Did you have a lot of work to do?** 즉 '해야 할 일이 너무 많았던 거야?'라고요. 하지만 아래처럼 말하면, 훨씬 간단한 문장으로도 의미가 통하게 만들 수 있습니다.

많은 → 너무 많은

Did you have a lot of work to do?

할 일이 너무 많았어?

쉽게 → **Did you have to work too much?**

일을 너무 많이 했어?

🗨 **Did you have to work too much?**

'무언가를 해야만 한다'고 말할 땐 have to와 조동사 must, 조동사 should가 있습니다.

해야 한다 = have to, must, should

Have to와 must는 거의 같은 의미지만 의문형을 만들 때는 주로 have to만 사용합니다. 또 should의 경우, 의무라고 하기 보다는 '~하는 것이 좋다'라고 강하게 권할 때 사용할 수 있습니다.

Which work?

제대로 된 문장으로 만들어 말하자면 이렇습니다. Which work do you want to do? 물론 굳이 이렇게 할 필요 없는 문제고요.

Episode 15 나 직장 그만뒀어

01 다음 대화를 목표로
step

대화의 내용을 완전히 파악하세요.
잠시 후 이 대화를 영어로 말할 수 있게 됩니다.

이미 충분히 **타이어ʳ드** 하다고.
| tired 피곤한

그런 말은 이미 충분히 **허어ʳ드** 했어.
| heard 들었다

그런 **미인** 하는 게 아니야!
| mean 의미하다

정말 **그뤠잇** 한 **아이디이어** 잖아!
| great 멋진 | idea 생각

너 **쓰잉** 정말 **웰** 하잖아!
| sing 노래하다 | well 잘하는

넌 꼭 할 수 있을 거야.

정말이야? 고마워!

너 **썸띵**ᵗʰ 좀 아는구나.
| something 뭐

그럼 **디이즈 데이즈** 엔 뭐 하고 지내는데?
| these days 요즘

02 어순은 너무나 간단하다.
step

틀리게 쓰거나 말하면 큰일 날 것 같죠?
천만에요. 오히려 기억력에 큰 도움이 됩니다.

1 나는 시달렸다 / 충분히
I was tired / enough .

2 나는 그것을 들어왔다 / 충분히 / 이미
___ / ___ / already .

3 난 그걸 의미하지 않아
___ !

4 그것은 멋진 생각이다
___ !

5 너는 노래한다 / 매우 잘
You sing / ___ !

6 나는 확신한다 / 너는 할 수 있다
I am sure / ___ .

7 정말? 고마워
___ !

8 넌 안다 / 무엇을
___ / something .

9 그래서, 너 뭐 하니 / 요즘
___ / these days ?

Episode 15 나 직장 그만뒀어. 279

03 영어는 리듬과 강약이다.

step

한글은 가장 뛰어난 발음기호입니다.
큰 소리로 미친 듯이 반복해 말하세요.

- **아이 워어즈 타이어ᴿ드 │ 이너프ᶠ.**
  I was tired │ enough.
  나는 시달렸다 │ 충분히.

  아이 해브ᵛ 허어ᴿ드 대앳 │ 이너프ᶠ │ 어어ᴿ뤠디.
  I have heard that │ enough │ already.
  나는 그것을 들어왔다 │ 충분히 │ 이미.

- **아이 디든트 미인 이트!**
  I didn't mean it!
  난 그걸 의미하지 않아!

  댓츠 어 그뤠잇 아이디이어!
  That's a great idea!
  그것은 멋진 생각이다!

  유우 쓰잉 │ 베ᵛ뤼 웰!
  You sing │ very well!
  너는 노래한다 │ 매우 잘!

  아이 앰 슈어ᴿ │ 유우 캔 두우 잇
  I am sure │ you can do it.
  나는 확신한다 │ 너는 할 수 있다.

- **뤼얼리? 땡ᵗʰ크 유우!**
  Really? Thank you!
  정말? 고마워!

  유우 노우 │ 썸띵ᵗʰ.
  You know │ something.
  넌 안다 │ 무엇을.

- **쏘우, 왓 아ᴿ 유우 두우잉 │ 디이즈 데이즈?**
  So, what are you doing │ these days?
  그래서, 너 뭐 하니 │ 요즘?

04 대화는 센스와 요령이다.
step

실전 대화는 공부가 아닙니다.
실전 대화는 센스와 요령입니다.

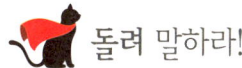 돌려 말하라!

'잔소리하다'라는 표현을 조금 더 쉽게 바꾸어 봅시다.
'잔소리'라는 게 어떤 행동을 가리키는 거죠?

잔소리 = 다른 사람을 가르치려고 하는 말

Don't try to nag.　　쉽게→　　**Don't try to teach me.**
잔소리하려 하지 마.　　　　　　　　　　　　가르치려 들지 마.

'이렇게 해야 해, 저렇게 해야 해'라며 가르치듯 하는 말을 가리켜 '잔소리'라고 하잖아요.
그러니 이렇게 바꾸어 말할 수 있겠군요.

🗨 **Don't try to teach me.**

Try to는 '~하려고 노력하다'라는 뜻의 표현입니다. 그냥 가볍게 시도하기 보다는, 어떻게든 해보려고 애쓰는 상황에서 자주 쓰입니다. '시험삼아 해보다'라고 하고 싶을 때는 **to** 대신 동사의 **ing**형을 쓰면 됩니다.

I didn't mean it!

상대방이 당신의 말에 대해 오해를 하는 것 같다면, 이렇게 대답해 주세요.
I didn't mean it! 그런 의도가 아니었다는 뜻이에요.

01 다음 대화를 목표로
step

대화의 내용을 완전히 파악하세요.
잠시 후 이 대화를 영어로 말할 수 있게 됩니다.

쉬고 있어.

애니 플랜 이라도 있는 거야?
| any plan 무슨 계획

넥스트 먼뜨th 부터 **어캐데미** 에 다니려고.
| next month 다음 달 | academy 학원

널 **치어**r 할게.
| cheer 응원하다

고마워.

조만간 티켓 **쎈드** 해줄게.
| send 보내다

하하, 벌써 **을루킹 포**r**어**r**워**r**드 투** 되는군!
| looking forward to 기대하고 있는

step 02 어순은 너무나 간단하다.

틀리게 쓰거나 말하면 큰일 날 것 같죠?
천만에요. 오히려 기억력에 큰 도움이 됩니다.

1. 나는 실직 중이야
   I'm in between jobs.

2. 너는 가지고 있니 / 어떤 계획
   / any plan ?

3. 나는 갈 것이다 / 학원에 / 다음 달부터
   / to the academy / .

4. 나는 응원할 것이다 / 너를 위해
   / for you .

5. 고마워
   .

6. 나는 보낼 것이다 / 너에게 / (하나의) 티켓을 / 조만간
   / / a ticket / .

7. 하하, 나는 기내하고 있을게 / 이것이 / 별써
   / it / !

Episode 15 나 직장 그만뒀어 283

03 영어는 리듬과 강약이다.
step

> 한글은 가장 뛰어난 발음기호입니다.
> 큰 소리로 미친 듯이 반복해 말하세요.

- **아이앰 인 비트위인 자압ㅅ.**
  I'm in between jobs.
  나는 실직 중이야.

- **두우 유우 해브ᵛ | 애니 플랜?**
  Do you have | any plan?
  너는 가지고 있니 | 어떤 계획?

- **아이 앰 고우잉 | 투 디 어캐데미 | 프ᶠ럼 넥스트 먼뜨ᵗʰ.**
  I am going | to the academy | from next month.
  나는 갈 것이다 | 학원에 | 다음 달부터.

- **아이 윌 치어ʳ | 포ᶠ어ʳ 유우.**
  I will cheer | for you.
  나는 응원할 것이다 | 너를 위해.

- **땡ᵗʰ크 유우.**
  Thank you.
  고마워.

  아이 윌 쎈드 | 유우 | 어 티킷 | 쑤운.
  I will send | you | a ticket | soon.
  나는 보낼 것이다 | 너에게 | (하나의) 티켓을 | 조만간.

- **하-하, 아이앰 을루킹 포ᶠ어ʳ워ʳㄷ 투 | 잇 | 어어ʳ뤠디!**
  Ha-ha, I'm looking forward to | it | already!
  하하, 나는 기대하고 있을게 | 이것이 | 벌써!

04 대화는 센스와 요령이다.
step

실전 대화는 공부가 아닙니다.
실전 대화는 센스와 요령입니다.

뜻은 충분히 통한다!

직장을 쉬고 있는 상태를 이렇게 표현하기도 합니다.

실직 중이다 = 쉬다

I'm in between jobs.

실직 중이야.

심화

I'm taking a rest now.

지금은 쉬고 있어.

직업의 사이에 있다는 이 말은 상황에 따라 다양하게 쓰일 수 있습니다. 취업준비, 이직 준비, 구직 중 상황에 따라 쓸 수 있는 말이지요. 이 모든 표현은 일을 하고 있지 않은 상태라는 공통점을 가지고 있습니다.

I'm taking a rest now.

Rest는 '쉬다'라는 동사도 되지만 '휴식'이라는 명사로도 쓸 수 있습니다. 여기서는 a를 보면 알 수 있듯이 명사로 쓰였지요. Take는 명사와 같이 쓰여서 '명사'를 하다라는 뜻을 나타내는데, rest와 같이 쓰였기에 '휴식을 하다'라는 뜻이 된 것입니다. '(앉는)자리'를 나타내는 seat이 쓰인 take a seat이 '앉다'가 되는 것도 같은 이유이지요.

Looking forward to

Look forward는 ~이 기대된다는 사실 자체를 표현할 때 쓰이고, looking forward to는 지금 계속 고대하는 중이라는 마음을 표현할 때 쓰인다고 보면 되겠습니다. '~하는 것을 기대하고 있겠습니다'라고 할 때는 진행형을 주로 사용합니다.

Really의 두 가지 의미

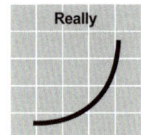

Really? ❶
진짜?
상대방이 한 말에 대해서, 놀라움을 혹은 믿을 수 없음을 표현할 때.

상황 친구와 함께 내렸던 결론이, 완전히 잘못된 것이었다는 이야기를 들었다.
믿을 수가 없다.
"진짜?"

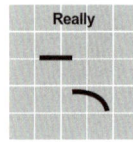

Really ❷
진심이야
말을 더 강조할 때.

상황 친구에게 큰 실수를 저질렀다. 진심을 담아 사과를 하고 싶다.
"미안해, 진심이야."

EPISODE 16
"옆집이 너무 시끄러워."

01 다음 대화를 목표로

대화의 내용을 완전히 파악하세요.
잠시 후 이 대화를 영어로 말할 수 있게 됩니다.

나 **무우브ᵛ 아웃** 하고 싶어.
| move out 이사를 하다

왜? 무슨 **프롸아블럼** 이라도 있어?
| problem 문제

넥스트 도오어ʳ 네이버ʳ 이 너무 시끄러워.
| next door 옆집 | neighbor 이웃

그는 **에브ᵛ뤼 나이트** 기타를 친다고.
| every night 매일 밤

내가 **헬프** 해줄게.
| help 돕다

어떻게 **헬프** 해주겠다는 거야?
| help 돕다

너 나 알잖아.

나 태권도 **블랙 벨트** 라고.
| black belt 검은 띠

정말이야?

step 02 어순은 너무나 간단하다.

틀리게 쓰거나 말하면 큰일 날 것 같죠?
천만에요. 오히려 기억력에 큰 도움이 됩니다.

1 나는 원한다 / 이사하기를
I want to move out .

2 왜? ~이 있니 / 무슨 문제
                any problem ?

3 내 옆집 / 이웃이 너무 시끄러워
My next door   .

4 그는 연주한다 / 기타를 / 매일 밤
                guitar   .

5 내가 너를 도울 수 있다
.

6 어떻게 / 너는 도와줄 수 있니 / 나를
How   ?

7 넌 안다 / 나를
        me .

8 나는 검은 띠이다 / 태권도에서
              in Taekwondo .

9 정말
?

Episode 16 옆집이 너무 시끄러워 289

step 03 영어는 리듬과 강약이다.

한글은 가장 뛰어난 발음기호입니다.
큰 소리로 미친 듯이 반복해 말하세요.

- **아**이 **원**트 | **투 무우브ᵛ 아웃**트.
  I want | to move out.
  나는 원한다 | 이사하기를.

- **와**이**? 이**즈 **데어**ʳ | **애**니 프**라아블**럼**?**
  Why? Is there | any problem?
  왜? ~이 있니 | 무슨 문제?

- **마**이 **넥**스트 **도오어**ʳ | **네**이**버**ʳ 이즈 **투**우 **노**이지.
  My next door | neighbor is too noisy.
  내 옆집 | 이웃이 너무 시끄러워.

  히이 플**레**이즈 | 기**타아**ʳ | **에**브ᵛ**뤼 나**이트.
  He plays | guitar | every night.
  그는 연주한다 | 기타를 | 매일 밤.

- **아**이 **캔 헬**프 **유**우.
  I can help you.
  내가 너를 도울 수 있다.

- **하**우 | **캔 유**우 **헬**프 | **미**이**?**
  How | can you help | me?
  어떻게 | 너는 도와줄 수 있니 | 나를?

- **유**우 **노**우 | **미**이.
  You know | me.
  넌 안다 | 나를.

  아이 **앰** 어 **블랙 벨**트 | **인 택퀀도**우.
  I am a black belt | in Taekwondo.
  나는 검은 띠이다 | 태권도에서.

- **뤼얼**리**?**
  Really?
  정말?

04 대화는 센스와 요령이다.
step

실전 대화는 공부가 아닙니다.
실전 대화는 센스와 요령입니다.

 뜻은 충분히 통한다!

아래 표현은 두 가지 의미로 쓸 수 있습니다. 하나는 친한 사이에서 '너 내가 어떤 사람인지 알잖아~'라고 하는 것이지요. 다른 하나는 자기를 잘 못 알아보는 사람에게 '너 나라는 사람이 누군지 알잖아~' 하는 뜻으로 사용할 수 있지요.

너 내가 어떤 사람인지 알잖아

You know me.

너 나 알잖아.

 → ## You know who I am.

너 내가 어떤 사람인지 알잖아.

무엇인가에 대해 자랑하듯 으스대며 말할 때, '너 내가 어떤 사람인지 알잖아'라고 정확하게 말하려면 이렇게 해야겠지요.

🗨 **You know who I am.**

이 문장은 의문사 who를 사용한 간접의문문이기도 하지요. 보통 의문사를 사용하는 문장에서 어순은 **의문사 + 동사 + 주어** 순서로 가지만, 이렇게 문장 안에서 간접의문문이 될 때는 **의문사 + 주어 + 동사** 순서가 됩니다.

I am a black belt in Taekwondo.

'태권도 검은 띠야'라는 말은 얼핏 보기에 하기 어려운 말 같지만, 사실 그렇지 않습니다. 이렇게 끊어서 생각해 보면요.

I am a black belt 나 검은 띠잖아 / in Taekwondo 태권도에서
나 태권도 검은 띠잖아.

Episode 16 옆집이 너무 시끄러워

01 다음 대화를 목표로

대화의 내용을 완전히 파악하세요.
잠시 후 이 대화를 영어로 말할 수 있게 됩니다.

물론이지. 어떤 **가이** 야?
| guy 녀석

그는 아마도 록커인 것 같아.

드뤠건 문신이 있더라고.
| dragon 용

그리고 그는 **벌드** 야.
| bald 대머리의

음, 너 나 알잖아.

나 누구와도 **파'잇** 안 하는 거.
| fight 싸우다

하하, 겁쟁이!

너 그 사람이 **어프'뤠이드** 한 거지?
| afraid 무서운

아냐! **애니웨이** 싸움은 **배드** 한 거라고.
| anyway 어쨌거나 | bad 나쁜

02 어순은 너무나 간단하다.
step

틀리게 쓰거나 말하면 큰일 날 것 같죠?
천만에요. 오히려 기억력에 큰 도움이 됩니다.

1 물론, 어떤 녀석이야
Sure. Who is the guy ?

2 나는 생각한다 / 그가 록커라고
I think .

3 그는 가지고 있다 / (하나의) 용 문신
a tattoo of a dragon .

4 그리고 그는 대머리다

5 음, 너는 나를 안다

6 나는 싸우지 않는다 / 누구와도
I don't fight .

7 하하, 겁-쟁-이
Ha-ha, c-h-i-c-k-e-n !

8 너 무서워하는 거니 / 그를
of him ?

9 아냐! 싸움은 나쁘다, 어쨌든
I'm not! .

03 영어는 리듬과 강약이다.
step

한글은 가장 뛰어난 발음기호입니다.
큰 소리로 미친 듯이 반복해 말하세요.

- **슈어ʳ. 후우 이즈 더 가이?**
  Sure. Who is the guy?
  물론. 어떤 녀석이야?

- **아이 띵ᵗʰ크 | 히이 이즈 어 롸아커ʳ.**
  I think | he is a rocker.
  나는 생각한다 | 그가 록커라고.

  히이 해즈 | 어 태투우 어브ᵛ 어 드뤠건.
  He has | a tattoo of a dragon.
  그는 가지고 있다 | (하나의) 용 문신을.

  앤드 히이 이즈 벌드.
  And he is bald.
  그리고 그는 대머리다.

- **웰, 유우 노ᵘ 미이.**
  Well, you know me.
  음, 너는 나를 안다.

  아이 도운트 파ᶠ잇 | 윗 애니원.
  I don't fight | with anyone.
  나는 싸우지 않는다 | 누구와도.

- **하-하, 치 이 키 인!**
  Ha-ha, c-h-i-c-k-e-n!
  하하, 겁-쟁-이!

  아ʳ 유우 어프ᶠ뤠이드 | 어브ᵛ 힘?
  Are you afraid | of him?
  너 무서워하는 거니 | 그를?

- **아이앰 나아트! 파ᶠ이팅 이즈 배드, 애니웨이.**
  I'm not! Fighting is bad, anyway.
  아냐! 싸움은 나쁘다. 어쨌든.

04 대화는 센스와 요령이다.
step

실전 대화는 공부가 아닙니다.
실전 대화는 센스와 요령입니다.

 다르게 말해보자!

그가 록커 같아 보인다는 말을 두 가지 다른 방식으로 표현할 수 있을 것 같습니다. 일단, 겉보기에 그리 보인다는 것이잖아요. 진짜로 그렇다는 게 아니라, 자기가 생각하기에 그렇다는 것이고요.

~인 것 같아 = ~처럼 보여

I think he is a rocker.

그는 아마도 록커인 것 같아.

★ 다른 표현

He seems like a rocker.

그는 록커처럼 보여.

'~처럼 보인다'는 말은 seem like~라고 표현하면 됩니다. He seems like a rocker. I think~라고 하면 '~인 것 같아, ~라고 생각해'라는 뜻이 되고요.

💬 He seems like a rocker.

Seems like 다음에 올 수 있는 것은 명사 혹은 주어 + 동사를 가진 절입니다. 이때 절이란 주어와 동사를 포함하여 두 개 이상의 단어로 완전한 문장을 이룬 것을 말합니다.

- He seems like a student. 그는 학생처럼 보인다.
- It seems like he is a student. 그는 학생처럼 보인다.

Chicken

Chicken은 '닭'이라는 뜻이지요. 재미있게도, 영어에서는 겁쟁이를 가리켜 chicken이라고 부르기도 합니다. 그것 외에도 겁쟁이를 가리키는 단어로는 coward가 있습니다.

01 다음 대화를 목표로

step

대화의 내용을 완전히 파악하세요.
잠시 후 이 대화를 영어로 말할 수 있게 됩니다.

🐸 **바이 더 웨이**, 나 정말이야.
| by the way 그건 그렇고

🐸 조만간 **무우브ᵛ 아웃** 할 거야.
| move out 이사를 하다

어디로 **고우** 할 건데? 👮
| go 가다

🐸 아직 **디싸이드** 하지 않았어.
| decide 정하다

내가 사는 곳으로 **컴** 해! 👮
| come 오다

🐸 거기 **을리브ᵛ** 하기 좋아?
| live 살다

물론이지! 난 내 **타운** 이 정말 좋아. 👮
| town 동네

🐸 넌 그 **타운** 이 왜 좋다고 **띵ᵗʰ크** 하는데?
| town 동네 | think 생각하다

근처에 **뤼버ᵛ/ʳ** 가 있어. 👮
| river 강

02 어순은 너무나 간단하다.
step

틀리게 쓰거나 말하면 큰일 날 것 같죠?
천만에요. 오히려 기억력에 큰 도움이 됩니다.

1 그건 그렇고, 나는 진지하다
   By the way, I'm serious .

2 나는 이사할 거야 / 조만간 **soon** .

3 어디로 **Where** / 너는 갈 거니 ?

4 나는 정하지 않았다 / 아직 **yet** .

5 와라 **Come** / 내 동네로 !

6 거기 좋니 / 살기에 **to live** ?

7 물론이지! 나는 정말 사랑한다 / 나의 동네를 **my town** .

8 왜 **Why** / 너는 그렇게 생각하니 / 너의 동네가 좋다고 ?

9 강이 있다 **There is a river** / 동네 근처에 .

03 영어는 리듬과 강약이다.
step

한글은 가장 뛰어난 발음기호입니다.
큰 소리로 미친 듯이 반복해 말하세요.

- **바이 더 웨이, 아이앰 쓰이뤼어ㅆ.**
  By the way, I'm serious.
  그건 그렇고, 나는 진지하다.

  아이앰 고우잉 투 무우브ᵛ 아웃 | 쑤운.
  I'm going to move out | soon.
  나는 이사할 거야 | 조만간.

- **웨어ʳ | 윌 유우 고우?**
  Where | will you go?
  어디로 | 너는 갈 거니?

- **아이 디든트 디싸이드 | 예트.**
  I didn't decide | yet.
  나는 정하지 않았다 | 아직.

- **컴 | 투 마이 타운!**
  Come | to my town!
  와라 | 내 동네로!

- **이즈 데어ʳ 구ㄷ | 투 을리브ᵛ?**
  Is there good | to live?
  거기 좋니 | 살기에?

- **슈어ʳ! 아이 뤼얼리 을러브ᵛ | 마이 타운.**
  Sure! I really love | my town.
  물론이지! 나는 정말 사랑한다 | 나의 동네를.

- **와이 | 두우 유우 띵ᵗʰㅋ 대앳 | 유어ʳ 타운 이즈 구ㄷ?**
  Why | do you think that | your town is good?
  왜 | 너는 그렇게 생각하니 | 너의 동네가 좋다고?

- **데어ʳ 이즈 어 뤼버ᵛ/ʳ | 니어ʳ 더 타운.**
  There is a river | near the town.
  강이 있다 | 동네 근처에.

04 대화는 센스와 요령이다.
step

실전 대화는 공부가 아닙니다.
실전 대화는 센스와 요령입니다.

직접적으로 말해보자!

'대머리'라는 말을 더 간단하고 쉽게 바꿔봅시다. 이 단어에 관해 설명하듯 풀어서 말해볼까요.

대머리 = 머리카락이 없다

He is **bald**. 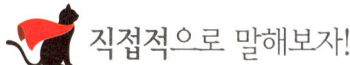 He has **no hair** on his head.

그리고 그는 대머리야.   쉽게   그는 머리카락이 없어.

머리카락을 가리키는 단어는 **hair**이지요. 하지만 그냥 **hair**가 없다고만 하면 오해의 소지가 있습니다. 머리카락뿐만 아니라 몸에 있는 다른 털들도 **hair**라고 하거든요.

He has no hair on his head.

No는 거절에서만 쓸 수 있는 표현이 아닙니다. 이렇게 아무것도 없다는 표현을 만들 때도 '**하나의 ~도 없는**'이라는 뜻으로 쓰이지요. **No one**이 '아무도 없는'이 되는 것도 같은 이유입니다.

Serious

Serious는 '심각하다'라는 뜻의 단어인데요, 어떤 상황에 대해서 '니 지금 장난하는 거 아니야, 진심으로 하는 말이야'라고 말할 때 이렇게 말하고는 합니다. I'm serious. 반대로, '너 정말이야? 진심이야?' 라고 물으려면 이렇게 할 수 있고요. Are you serious?

01 다음 대화를 목표로
step

대화의 내용을 완전히 파악하세요.
잠시 후 이 대화를 영어로 말할 수 있게 됩니다.

산책하거나 **엑써'싸이즈** 하기 좋아.
| exercise 운동

그리고 커다란 **마아'킷** 도 있지.
| market 시장

좋아 보이네.

아, 가장 **임포어'튼트** 한 건…
| important 중요한

뭔데?

내가 있잖아!

하하, 네 동네만은 꼭 **어보'이드** 하고 싶네.
| avoid 피하다

02 어순은 너무나 간단하다.
step

틀리게 쓰거나 말하면 큰일 날 것 같죠?
천만에요. 오히려 기억력에 큰 도움이 됩니다.

1 그건 좋다 / ~하기에 / 걷거나 운동을
That's good / to take / a walk or exercise .

2 그리고 거기에는 ~이 있다 / (하나의) 큰 시장, 역시 .

3 좋게 들리네 .

4 아, 가장 중요한 건 …

5 그건 뭐니 ?

6 내가 있다 !

7 아하, 나는 피하고 싶다 / 너의 동네 / 확실히
your town .

step 03 영어는 리듬과 강약이다.

한글은 가장 뛰어난 발음기호입니다.
큰 소리로 미친 듯이 반복해 말하세요.

- **댓츠 구드** | **투 테익** | **어 워억 오어' 엑써'싸이즈.**
  That's good | to take | a walk or exercise.
  그건 좋다 | ~하기에 | 걷거나 운동을.

  앤드 데어' 이즈 | **어 비익 마아'킷, 투우.**
  And there is | a big market, too.
  그리고 거기에는 ~이 있다 | (하나의) 큰 시장, 역시.

- **잇 싸운즈 구드.**
  It sounds good.
  좋게 들리네.

- **아, 더 모우스트 임포어'튼트 띵th 이즈…**
  Ah, the most important thing is…
  아, 가장 중요한 건…

- **와츠 댓?**
  What's that?
  그건 뭐니?

- **데어' 이즈 미이!**
  There is me!
  내가 있다!

- **하-하, 아이 원트 투 어보^{v}이드** | **유어' 타운** | **슈얼'리.**
  Ha-ha, I want to avoid | your town | surely.
  하하, 나는 피하고 싶다 | 너의 동네 | 확실히.

04 대화는 센스와 요령이다.
step

실전 대화는 공부가 아닙니다.
실전 대화는 센스와 요령입니다.

🐱 뜻은 충분히 통한다!

굳이 길게 말할 필요가 있을까요. 그냥 핵심만 딱 집어 물어보면 되잖아요.

너의 동네가 좋다고 생각해? = 그렇게 생각해?

Why do you think that your town is good?

너는 그 동네가 왜 좋다고 생각해?

쉽게

Why do you think so?

왜 그렇게 생각해?

지금까지 동네가 좋다고 계속 얘기했잖아요. 왜 그렇게 생각하는지만 물어봐도 무슨 뜻인지 충분히 통할 거예요.

🚩 **Why do you think so?**

So는 '그렇게'라는 뜻을 가진 표현으로 앞의 내용을 받을 때도 사용할 수 있습니다. 물론 우리말처럼 정도를 나타내는 '그렇게'로도 사용할 수 있습니다.

- Do you really think so? 너 정말 그렇게 생각해?
- Don't be so angry. 그렇게 화내지 마.

It sounds good.

상대방의 말에 동의할 때 자주 쓰는 표현입니다. That is good idea, '그거 좋은 생각이다'와 비슷한 뜻으로 사용되지요.

Look의 두 가지 의미

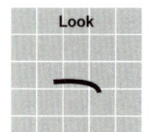

Look ❶
봐
특정 상황, 사람, 또는 사물에 관심을 집중시킬 때.

상황 높은 점프를 할 수 있는 고양이가 있다. 친구들에게도 보여주고 싶다.

"봐, 저 고양이가 점프를 엄청나게 높이 뛰어."

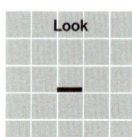

Look ❷
잠깐만
상대방으로 하여금 당신에게 관심을 집중시키길 원할 때.

상황 당신이 좋아하는 여성에게 가서 데이트 신청을 하려 한다.
당신을 그냥 지나가려 하는 그녀를 붙잡고…

"잠깐만, 할 말이 있어. 오늘 저녁에 너와 데이트를 하고 싶어."

EPISODE 17
"미안하지만, 오늘은 못 가겠어."

01 다음 대화를 목표로
step

대화의 내용을 완전히 파악하세요.
잠시 후 이 대화를 영어로 말할 수 있게 됩니다.

데이브? 나야.

언제 **컴** 할 거야?
| come 오다

싸아뤼 버엇, 오늘은 못 가겠어.
| sorry but 미안하지만

 너 **키딩** 해?
| kidding 장난하는

 이거 정말 **임포어'튼트** 한 **뤼허어'썰** 이잖아!
| important 중요한 | rehearsal 연습

나 정말 **쓰이크** 해.
| sick 아픈

감기에 걸렸어.

 정말이야?

응. 어제 **가앗 뤠인드** 했거든.
| got rained 비를 맞았다

02 어순은 너무나 간단하다.
step

틀리게 쓰거나 말하면 큰일 날 것 같죠?
천만에요. 오히려 기억력에 큰 도움이 됩니다.

1 데이브? 나야
　　Dave? It's me .

2 언제 / 너는 올 거니
　　When ?

3 미안하지만, 나는 못 간다 / 오늘
　　 today ?

4 너 놀리니 / 나를
　　 me ?

5 이건 ~이다 / 정말 중요한 / 연습
　　It's !

6 난 정말 아프다
　　 .

7 나 감기 걸렸어
　　 .

8 정말
　　 ?

9 응. 나는 비를 맞았다 / 어제
　　 yesterday .

Episode 17 미안하지만, 오늘은 못 가겠어. 307

03 영어는 리듬과 강약이다.

한글은 가장 뛰어난 발음기호입니다.
큰 소리로 미친 듯이 반복해 말하세요.

- **데이브ᵛ? 잇츠 미이.**
  Dave? It's me.
  데이브? 나야.

웬	**윌 유우 컴?**
When	will you come?
언제	너는 올 거니?

- **싸아뤼 버엇 아이 캐엔트 컴** | **투데이.**
  Sorry but, I can't come | today.
  미안하지만, 나는 못 간다 | 오늘.

- **아ʳ 유우 키딩** | **미이?**
  Are you kidding | me?
  너 놀리니 | 나를?

잇츠	**어 베ᵛ뤼 임포어ʳ튼ㅌ**	**뤼허어ʳ썰!**
It's	a very important	rehearsal!
이건 ~이다	정말 중요한	연습!

- **아이앰 쏘우 ㅆ이크.**
  I'm so sick.
  난 정말 아프다.

  아이 카앗 어 코울드.
  I caught a cold.
  나 감기 걸렸어.

- **뤼얼리?**
  Really?
  정말?

- **예쓰. 아이 가앗 뤠인드 어언** | **예스떠ʳ데이.**
  Yes. I got rained on | yesterday.
  응. 나는 비를 맞았다 | 어제.

04 대화는 센스와 요령이다.
step

실전 대화는 공부가 아닙니다.
실전 대화는 센스와 요령입니다.

🐱 틀리기 쉬운 표현

I can't come. 쉽게 헷갈릴 수 있는 말입니다. 쉬워 보이는데 뭐가 문제냐고요? 우리말로 '못 간다'라고 했으니 can't go라고 해야 맞을 것처럼 보이지만…

가다 vs 오다

I can't **go.** 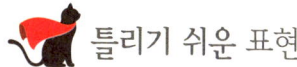 I can't **come.**
나 못 가.   바른 표현   나 못 와.

상대가 어디있던지 상관없이 내가 가는지 오는지에 따라 대답하는 우리와는 다르게 영어표현에서는 상대가 있는 곳에 따라 대답이 달라집니다.

💬 **I can't come.**

상대방이 앞에서 come, '언제 오냐'고 물었잖아요. 거기에 맞춰 don't come, '나는 안 온다'고 대답해줘야 합니다. Go를 쓴다고 해서 문법적으로 틀리는 것이 아니라 go는 듣는 사람이 있는 곳이 아닌 다른 곳으로 갈 때 사용하는 표현이기 때문이지요. 비슷한 예를 하나 더 들어볼까요. 약속 장소에 미리 나가 있는 친구가 묻습니다.

A : **Are you coming here?** 올 거야?
B : **Yes, I'm coming.** 응, 갈거야.
   No, I'm going home. 아니, 나 집에 갈 거야.

Caught a cold

감기에 걸렸다고 할 때 쓰는 말입니다. 여기서 감기는 cold가 담당하고 있습니다. 보통은 '추운'이라는 형용사인데 '감기'라는 명사가 되기도 하죠. '걸렸다'를 담당하는 것은 '잡다'라는 뜻을 가진 catch의 과거 caught입니다. 결국 '추위를 잡았다.' 처럼 말하는 것이죠.

01 다음 대화를 목표로
step

대화의 내용을 완전히 파악하세요.
잠시 후 이 대화를 영어로 말할 수 있게 됩니다.

을라이 하지마.
| lie 거짓말

너 어제 **드뤵크** 했잖아.
| drank 술마셨다

안 그랬는데.

이봐, 나 지금 지미랑 같이 있다고.

지미가 이미 다 **토울드** 해줬어.
| told 말했다

어… 하지만, **어 을리틀** 밖에 안 마셨어!
| a little 조금

비커어즈 어브ᵛ 대트 는 아니야.
| because of that 그것 때문

호움 에 몇 시에 들어갔는데?
| home 집

열한시쯤?

02 어순은 너무나 간단하다.
step

틀리게 쓰거나 말하면 큰일 날 것 같죠?
천만에요. 오히려 기억력에 큰 도움이 됩니다.

1 말하지 마 / 거짓을
Don't tell / a lie .

2 너 술마셨다 / 어제
You drank / / .

3 아니, 안 그랬어
.

4 이봐, 나는 지금 지미랑 같이 있다
Hey, .

5 지미가 나에게 말했다 / 모든 것을 / 이미
Jimmy told me / / .

6 어… 하지만 / 나는 마셨다 / 조금
Uh… but , / / !

7 이것은 아니다 / 그것 때문
/ because of that .

8 너는 언제 집에 갔니 / 어제
/ yesterday ?

9 열한시쯤
?

Episode 17 미안하지만, 오늘은 못 가겠어

03 영어는 리듬과 강약이다.
step

한글은 가장 뛰어난 발음기호입니다.
큰 소리로 미친 듯이 반복해 말하세요.

- **도운트 텔** | **어 을라이.**
  Don't tell | a lie.
  말하지 마 | 거짓을.

  유우 드뤵크 | **예스떠「데이.**
  You drank | yesterday.
  너 술마셨다 | 어제.

- **노우, 아이 디든트.**
  No, I didn't.
  아니, 안 그랬어.

- **헤이, 아이 앰 윗 지미 나우.**
  Hey, I am with Jimmy now.
  이봐, 나는 지금 지미랑 같이 있다.

  지미 토울드 미이 | **에브ᵛ뤼띵ᵗʰ** | **어어「뤠디.**
  Jimmy told me | everything | already.
  지미가 나에게 말했다 | 모든 것을 | 이미.

- **어… 버트,** | **아이 드뤵크** | **어 을리틀!**
  Uh… but, | I drank | a little!
  어… 하지만, | 나는 마셨다 | 조금!

  이츠 나앗 | **비커어즈 어브ᵛ 댓트.**
  It's not | because of that.
  이것은 아니다 | 그것 때문.

- **웬 디드 유우 고우 호움** | **예스떠「데이?**
  When did you go home | yesterday?
  너는 언제 집에 갔니 | 어제?

- **어바웃 일레븐ᵛ 피앰?**
  About 11 pm?
  열한시쯤?

04 대화는 센스와 요령이다.
step

실전 대화는 공부가 아닙니다.
실전 대화는 센스와 요령입니다.

🐈 뜻은 충분히 통한다!

비를 맞았다는 말은 **get rained on**이라고 표현합니다. 쉬운 단어로만 이루어져 있지만, '맞다'라는 말에서 get을 바로 떠올리기는 어렵지요.

I got rained on yesterday.

어제 비를 좀 맞았거든.

🗨 **It was raining** yesterday.

어제 비가 내렸었잖아.

조금 비약해서 말하는 것이긴 하지만 이렇게만 말해도 될 것 같군요.

🗨 **It was raining yesterday.**

Get 대신 be동사를 써도 같은 의미의 표현이 됩니다. 이 경우에는 I was rained yesterday 가 되는 것이지요. 둘의 뜻은 거의 비슷하지만 약간의 뉘앙스 차이가 있습니다. Be동사를 사용한 경우에는 비를 맞은 **'상태'**를 강조하는 것이고 get은 비를 맞게 돼서 생기는 **'변화'**에 더 초점이 맞춰져 있기 때문입니다. 그래서 **get rained on**을 쓰면 단순히 '비를 맞다'보다는 '비를 맞게 되다'라는 뉘앙스가 생깁니다.

About 11 pm?

대략적인 시간이나 양을 나타낼 때는 about을 사용합니다. About 10 dollars라고 하면 '10달러 정도의'라는 표현이 됩니다.

01 다음 대화를 목표로
step

대화의 내용을 완전히 파악하세요.
잠시 후 이 대화를 영어로 말할 수 있게 됩니다.

확실해?

응. **대앳 타임** 에 비가 내렸었어.
| that time 그때

난 **엄브렐러** 가 없었고… 그래서…
| umbrella 우산

안 믿어.

이번이 **퍼f어r스트 타임** 도 아니잖아.
| first time 처음

제발… 나 **다아잉** 하고 있어…
| dying 죽는

언 에비v덴스 라도 대 봐.
| an evidence (하나의) 증거

무슨 **에비v덴스**?
| evidence 증거

제발 **빌리이브v** 해 줘.
| believe 믿다

02 어순은 너무나 간단하다.
step

틀리게 쓰거나 말하면 큰일 날 것 같죠?
천만에요. 오히려 기억력에 큰 도움이 됩니다.

1. 확실해
   Is it sure ?

2. 응, 비가 내렸다 / 그때
   Yeah, ____ .

3. 나는 가지고 있지 않았다 / (하나의) 우산을 / 그래서
   ____ ____ so …

4. 나는 믿지 않는다 / 이것을
   ____ it .

5. 이것은 아니다 / 처음이
   ____ the first time .

6. 제발… 나는 죽어가는 중이다 / 지금
   Come on… ____ …

7. 줘라 / 나에게 / (하나의) 증거
   ____ me ____ .

8. 무슨 / 증거
   What ____ ?

9. 제발, 믿어라 / 나를
   ____ me .

Episode 17 미안하지만, 오늘은 못 가겠어.

03 영어는 리듬과 강약이다.

step

한글은 가장 뛰어난 발음기호입니다.
큰 소리로 미친 듯이 반복해 말하세요.

- **이즈 잇 슈어ʳ?**
  Is it sure?
  확실해?

- **예아, 잇 워즈 뤠이닝 | 엣 대앳 타임.**
  Yeah, It was raining | at that time.
  응, 비가 내렸다 | 그때.

  아이 디든트 해브ᵛ | 언 엄브렐러 | 쏘우…
  I didn't have | an umbrella | so…
  나는 가지고 있지 않았다 | (하나의) 우산을 | 그래서…

- **아이 더운트 빌리이브ᵛ | 이트.**
  I don't believe | it.
  나는 믿지 않는다 | 이것을.

  디쓰 이즈 나앗 | 더 퍼ʳ어ʳ스트 타임.
  This is not | the first time.
  이것은 아니다 | 처음이.

- **컴 on… 아이 앰 다아잉 | 나우…**
  Come on… I am dying | now…
  제발… 나는 죽어가는 중이다 | 지금…

- **기브ᵛ | 미이 | 언 에비ᵛ덴스.**
  Give | me | an evidence.
  줘라 | 나에게 | (하나의) 증거.

- **왓 | 에비ᵛ덴스?**
  What | evidence?
  무슨 | 증거?

- **플리이즈, 빌리이브ᵛ | 미이.**
  Please, believe | me.
  제발, 믿어라 | 나를.

04 대화는 센스와 요령이다.
step

실전 대화는 공부가 아닙니다.
실전 대화는 센스와 요령입니다.

뜻은 충분히 통한다!

술을 많이 마신 다음 날이면 끔찍한 숙취가 찾아오곤 합니다.
숙취는 영어로 hangover라고 합니다. 이렇게 말할 수도 있겠죠.

(술을) 마셨다 = 숙취

Uh… but, I drank a little! It's not because of that.

어… 하지만 조금 밖에 안 마셨어! 그것 때문에 이러는 게 아니라고.

심화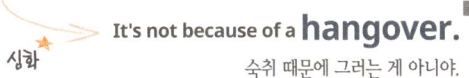

It's not because of a hangover.

숙취 때문에 그러는 게 아니야.

🗨 **It's not because of a hangover.**

취함을 나타내는 단어를 단계별로 알아볼까요? 약간 알딸딸한 상태를 tipsy, 엄청나게 취해 제정신이 아닐 때는 wasted, 머리가 아플 정도로 고주망태가 됐을 때는 hammered라고 합니다.

This is not the first time.

영어에는 크기를 나타내는 기수와 순서를 나타내는 서수가 있습니다.
이 first는 순서를 나타내는 표현으로 첫 번째를 나타냅니다.

01 다음 대화를 목표로
step

대화의 내용을 완전히 파악하세요.
잠시 후 이 대화를 영어로 말할 수 있게 됩니다.

🧑 이따가 **비ˇ짓** 할 거야.
　　　| visit 찾아가다

🧑 만약 **쓰익** 하지 않으면…
　　　| sick 아픈

🧑 내가 너 정말로 **쓰이크** 하게 **메익** 해주지.
　　　　　　　| sick 아픈　　　| make 만들다

　　　　　　　　　　　　　　진심이야? 🧑

🧑 두고 보자고.

　　　　　　　　　　　　　　아, 사실은… 🧑

step 02 어순은 너무나 간단하다.

틀리게 쓰거나 말하면 큰일 날 것 같죠?
천만에요. 오히려 기억력에 큰 도움이 됩니다.

1. 나는 방문할 것이다 / 너를 / 이따가
   I will visit **you** **later**.

2. 만약 니가 ~이라면 / 아프지 않은
   (   ) not sick …

3. 나는 만들 것이다 / 너를 / 정말 아프게
   (   ) you (   ).

4. 진심이야
   (   ) ?

5. 두고 보자고
   (   ).

6. 아, 사실은
   Oh, (   ) …

Episode 17 미안하지만, 오늘은 못 가겠어. 319

03 영어는 리듬과 강약이다.
step

한글은 가장 뛰어난 발음기호입니다.
큰 소리로 미친 듯이 반복해 말하세요.

- **아이 윌 비ᵛ짓** | **유우** | **을레이터ʳ.**
  I will visit | you | later.
  나는 방문할 것이다 | 너를 | 이따가.

  이프ᶠ 유우 아ʳ | **나앗 ㅆ익…**
  If you are | not sick…
  만약 니가 ~이라면 | 아프지 않은…

  아이 윌 메익 | **유우** | **뤼얼리 ㅆ이크.**
  I will make | you | really sick.
  나는 만들 것이다 | 너를 | 정말 아프게.

- **아ʳ 유우 ㅆ이뤼어ㅆ?**
  Are you serious?
  진심이야?

- **유우 윌 ㅆ이.**
  You will see.
  두고 보자고.

- **오우, 더 트루우ᵗʰ 이즈…**
  Oh, the truth is…
  아, 사실은…

step 04 대화는 센스와 요령이다.

실전 대화는 공부가 아닙니다.
실전 대화는 센스와 요령입니다.

뜻은 충분히 통한다!

'증거'는 다소 어려운 단어입니다. 말을 조금 바꾸어 봅시다.
증거를 요구하는 이유가 뭘까요. 증거가 있으면 뭐가 어떻게 바뀐다는 것일까요.

증거 = 믿음

Give me an evidence.

증거라도 대 봐.

쉽게

Make me believe you.

내가 널 믿게 해 봐.

Make me를 쓰면 '내가 ~하게 만들다'라는 표현을 만들 수 있습니다.

Make me believe you.

가끔 believe in이라는 표현을 보신 분들도 계실 것 같은데, in이 있고 없고에는 어떤 차이가 있을까요? Believe you라고 하면 단편적으로 '네가 한 말'을 믿는 것이지만 believe in you라고 하면 '너라는 사람을 전적으로' 믿는다는 표현이 되어 훨씬 신뢰의 정도가 높아집니다.

If

If에는 '만약에'와 '~인지 아닌지'라는 두 가지의 의미가 있습니다. 문장으로 예를 들어 볼까요?
  If it will snow or not   눈이 올 것인지 안 올 것인지를
  If it snows tomorrow   만약에 내일 눈이 온다면
또한 '무엇인지 아닌지'를 의미하는 표현에는 whether도 있습니다.

So의 네 가지 의미

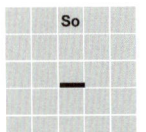

So ❶
그럼 이제
특히 새로운 주제나 질문을 시작하며, 대화를 계속 이어나갈 때.

상황 일의 경과에 대해서 말하는 상대방의 이야기를 다 들은 후, 당신과 팀원들이 해야 할 일은 무엇인지 물어보려 한다.

"그럼 이제, 그다음으로 우리가 무엇을 하면 좋겠어요?"

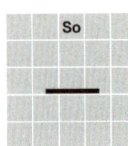

So ❷
그래서
당신이 들었거나 알게된 것이 맞았는지 확인하기 위해서, 질문하고자 할 때.

상황 당신은 동생과 쇼핑을 하고 있다. 두 개의 물건 중에 고민하고 있던 동생이 마침내 결정을 내린 것 같다.

"그래서, 결국 이걸로 사고 싶어?"

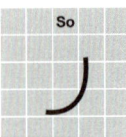

So? ❸
뭐가 어때서?
상대방이 한 말이 중요하지 않음을 조금은 무례하게 말할 때

상황 여자친구에게 스킨십을 하려는데, 공공장소라며 당신의 행동을 막는다.

"뭐가 어때서? 우리가 무슨 나쁜 짓을 하는 것도 아니잖아?"

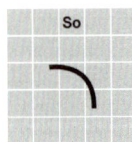

So ❹
맞아
중요하지 않은 어떤 것에 대해서 인정을 할 때.

상황 애인에게 차인 친구가 자책하며 실의에 빠져 있다. 당신은 그 친구를 위로해 주려 한다.

"맞아, 그가 너를 차긴 했지. 근데 그렇다고 네가 매력적이지 않은 건 아니야."

EPISODE 18

"투표했어?"

01 step 다음 대화를 목표로

대화의 내용을 완전히 파악하세요.
잠시 후 이 대화를 영어로 말할 수 있게 됩니다.

보ᵛ우트 했어?
| vote 투표하다

나앗 예트. 넌?
| not yet 아직

 나도.

난 아직 **디싸이드** 하지 못했어.
| decide 결정하다

누가 **베스트** 야?
| best 최고

 내 생각엔 이 **맨** 이 **베스트** 인 것 같아.
| man 사람 | best 최고

진심이야?

케어'플'리 하게 생각이나 해 본 거야?
| carefully 신중히

 그의 **프롸아미쓰** 가 **더 모우스트 뤼이즈너벌** 한걸.
| promise 공약 | the most reasonable 가장 합리적인

step 02 어순은 너무나 간단하다.

틀리게 쓰거나 말하면 큰일 날 것 같죠?
천만에요. 오히려 기억력에 큰 도움이 됩니다.

1. 투표했어
   Did you vote ?

2. 아직. 너는 어때
   Not yet, ?

3. 나도 아직 안 했다
   .

4. 난 결정하지 못했다 그래서
   yet .

5. 누가 최고야
   ?

6. 난 생각한다 이 사람이 최고라고
   I think .

7. 진심이야
   ?

8. 너는 생각했니 신중하게
   carefully ?

9. 그의 공약이 ~이다 가장 합리적인
   His promise is .

Episode 18 투표했어?

step 03 영어는 리듬과 강약이다.

> 한글은 가장 뛰어난 발음기호입니다.
> 큰 소리로 미친 듯이 반복해 말하세요.

- **디드 유우 보ᵛ우트?**
  Did you vote?
  투표했어?

- **나앗 예트. 하우 어바웃 유우?**
  Not yet. How about you?
  아직. 너는 어때?

- **니이더ʳ 디드 아이.**
  Neither did I.
  나도 아직 안 했다.

- **아이 캐엔트 디싸이드 | 예트.**
  I can't decide | yet.
  난 결정하지 못했다 | 아직.

  후우 이즈 더 베스트?
  Who is the best?
  누가 최고야?

- **아이 띵ᵗʰ크 | 디쓰 맨 이즈 더 베스트.**
  I think | this man is the best.
  난 생각한다 | 이 사람이 최고라고.

- **ᄊ이뤼어쓸리?**
  Seriously?
  진심이야?

  디드 유우 띵ᵗʰ크 | 케어ʳ플ˡ리?
  Did you think | carefully?
  너는 생각했니 | 신중하게?

- **히즈 프롸아미쓰 이즈 | 더 모우스트 뤼즈너벌.**
  His promise is | the most reasonable.
  그의 공약이 ~이다 | 가장 합리적인.

04 대화는 센스와 요령이다.
step

실전 대화는 공부가 아닙니다.
실전 대화는 센스와 요령입니다.

 돌려 말하라!

'공약'이라고 하면 왠지 어려운 단어로 말해야 할 것 같지만… 간단합니다. 쉬운 말로 하면 '약속'이잖아요. '합리적'이라는 말도 어렵다고요? 그렇다면 굳이 그렇게 어렵게 말할 것 없이, 쉬운 말로 바꿔봅시다.

가장 합리적인 = 괜찮게 보인다

His promise is **the most reasonable.**

그의 공약이 가장 합리적인걸.

His promise **sounds good.**

쉽게

그의 공약이 괜찮아 보여.

🗨 His promise sounds good.

앞에서 잠깐 말했듯이 sound는 명사인 '소리'라는 뜻 말고도 '~같이 들리다'라는 동사로서의 뜻이 있습니다. 여기서는 동사로 쓰였기 때문에 His promise라는 3인칭 단수와 쓰여 s가 붙은 것입니다.

Neither did I.

'나도 너와 같다, 너처럼 안 했다'라고 하는 것이니 So did I라고 말하면 될 것 같지만… 부정의 말에 대해 '나도 그래'라고 동의할 때는 so 대신 neither를 사용합니다.

01 다음 대화를 목표로
step

대화의 내용을 완전히 파악하세요.
잠시 후 이 대화를 영어로 말할 수 있게 됩니다.

공약들을 **클리얼리** 하게 **췌엑** 해보기나 한 거야?
| clearly 제대로 | check 읽어보다

그는 더 많은 **자압스** 를 **메익** 해 줄 거야.
| jobs 일자리 | make 만들다

빌리이브ᵛ 하지 마! 그거 다 **을라이** 야!
| believe 믿다 | lie 거짓말

파알러티션 들은 다 **을라이어ʳ** 잖아.
| politician 정치인 | liar 거짓말쟁이

그나마 **을레쓰 배드** 한 놈을 **츄우즈** 하는 거지 뭐.
| less bad 덜 나쁜 | choose 고르다

하지만, 그는 **워어ʳ스트** 라고.
| worst 최악

왜 그렇게 **띵ᵗʰ크** 하는데?
| think 생각하다

그는… 그렇게 **을룩쓰 을라익** 하잖아.
| looks like ~처럼 생기다

하하, 그건 억지잖아.

02 어순은 너무나 간단하다.

step

틀리게 쓰거나 말하면 큰일 날 것 같죠?
천만에요. 오히려 기억력에 큰 도움이 됩니다.

1. 너 읽어봤니 / 그의 공약들을 / 제대로
   Did you check **his promises** **clearly** .

2. 물론. 그는 만들 것이다 / 더 많은 일자리를
   Sure, _____ _____.

3. 믿지 마! 그거 거짓말이야
   _____ !

4. 모든 / 정치인들은 ~이다 / (하나의) 거짓말쟁이
   _____ _____ **a liar** .

5. 너는 ~해야 한다 / 덜 나쁜 한 사람
   We have to choose _____ .

6. 하지만, 그는 최악이다
   _____ .

7. 왜 / 너는 생각하니 / 그렇게
   Why _____ _____ .

8. 그는… 그렇게 생겼다
   He… _____ .

9. 하하, 그건 억지이다
   Ha-ha, _____ .

step 03 영어는 리듬과 강약이다.

한글은 가장 뛰어난 발음기호입니다.
큰 소리로 미친 듯이 반복해 말하세요.

디드 유우 췌엑	히즈 프라미쓰스	ㄹ리얼리?
Did you check	his promises	clearly?
너 읽어봤니	그의 공약들을	제대로?

슈어ʳ. 히이 윌 메익	모어ʳ 자압ㅅ.
Sure. He will make	more jobs.
물론. 그는 만들 것이다	더 많은 일자리를.

- 더운트 ㅃ릴리이브ᵛ 이트! 댓츠 어 을라이!
  Don't believe it! That's a lie!
  믿지 마! 그거 거짓말이야!

에브ᵛ뤼	파알러티션 이즈	어 을라이어ʳ.
Every	politician is	a liar.
모든	정치인들은 ~이다	(하나의) 거짓말쟁이.

위이 해브ᵛ 투 츄우즈	을레쓰 배드 원.
We have to choose	less bad one.
우리는 골라야 한다	덜 나쁜 한 사람.

- 버트, 히이 이즈 더 워어ʳ스트 원.
  But, he is the worst one.
  하지만, 그는 최악이다.

와이	두우 유우 띵ᵗʰㅋ	쏘우?
Why	do you think	so?
왜	너는 생각하니	그렇게?

- 히이… 을룩ㅆ 을라익 대트.
  He… looks like that.
  그는… 그렇게 생겼다.

- 하-하, 대앳 이즈 어 스트뤠춰.
  Ha-ha, That is a stretch.
  하하, 그건 억지이다.

step 04 대화는 센스와 요령이다.

실전 대화는 공부가 아닙니다.
실전 대화는 센스와 요령입니다.

뜻은 충분히 통한다!

무언가를 억지로 쭉 늘려서 만들어놓은들 딱 들어맞기는 힘들겠지요.
이래서 억지를 부리다라는 말에 **stretch**가 들어가나 봅니다.

억지야 = 이유가 될 수 없어

That is a stretch.

그건 억지야.

 쉽게

That can't be a reason.

그게 이유가 될 순 없어.

🗨️ That is a stretch.

Stretch는 우리가 아는 '스트레칭'처럼 쭉 늘린다는 뜻만 있는 것이 아닙니다. 물론 그런 속성은 녹아있지만 말이지요. 여기서 stretch는 '왜곡하다, 과장하다'라는 뜻으로 사용되었습니다. 진실을 쭉 잡아 늘여 원하는 대로 맞출 때 쓰는 표현이지요.

Looks like that

상대방에 관한 당신의 생각을 말하는 것이잖아요. 그러니 '~인 것 같군요.' 혹은 '~처럼 보이네요.'라고 말하는 것이 맞겠지요. 비슷한 표현으로는 It looks like ~, It seems ~, I think ~ 가 있습니다.

01 다음 대화를 목표로
step

대화의 내용을 완전히 파악하세요.
잠시 후 이 대화를 영어로 말할 수 있게 됩니다.

그의 **넘버'** 가 5번이기도 하고.
| number 기호

오울드 멘 이나 그에게 **보ᵛ웃** 한다고.
| old men 늙은이 | vote 투표하다

 봐, 저 공약 **인트뤠스팅** 한데.
| interesting 흥미로운

누구 거?

 3번 후보를 봐봐.

흠… 고양이들을 위한 **하아스삐틀**?
| hospital 병원

 응. 이 **쓰이티** 엔 **스트뤼잇 캣츠** 이 엄청 많잖아.
| city 도시 | street cats 길고양이들

 어떤 고양이는 **허어'ㅌ** 하거나 **이을** 하기도 했고.
| hurt 다치다 | ill 병들다

그는 그들을 위해 무료 **하아스삐틀** 을 **빌드** 하려고 하는군.
| hospital 병원 | build 만들다

02 어순은 너무나 간단하다.
step

틀리게 쓰거나 말하면 큰일 날 것 같죠?
천만에요. 오히려 기억력에 큰 도움이 됩니다.

1 그리고 그의 번호는 5이다
And his number is 5.

2 오직 늙은 사람이 / 투표한다 / 그를 찬성하는
vote

3 봐, 저 공약 흥미롭다
Look, .

4 누구 거 ?

5 봐라 / 3번을
Look .

6 흠… 병원 / 고양이들을 위한
Hmm… Hospital ?

7 응. 길고양이들이 많이 있다 / 이 도시엔
in this city .

8 그들 중의 몇몇은 / 다치거나 병들었다
hurt or ill .

9 그는 세우길 원한다 / (하나의) 무료 병원을 / 그들을 위한
for them .

03 영어는 리듬과 강약이다.

> 한글은 가장 뛰어난 발음기호입니다.
> 큰 소리로 미친 듯이 반복해 말하세요.

- **앤드 히즈 넘버ʳ 이즈 파ᶠ이브ᵛ.**
  And his number is 5.
  그리고 그의 번호는 5이다.

오운리 오울드 멘	**보ᵛ읏**	**포ᶠ어ʳ 뎀.**
Only old men	vote	for them.
오직 늙은 사람이	투표한다	그를 찬성하는.

- **을루크, 대앳 프롸미쓰 이즈 인트뤠스팅.**
  Look, that promise is interesting.
  봐, 저 공약 흥미롭다.

- **후우즈?**
  Whose?
  누구 거?

을루욱	**엣 넘버ʳ 뜨ᵗʰ뤼이**
Look	at No.3.
봐라	3번을.

흐음… 하아스삐틀	**포ᶠ어ʳ 캣츠?**
Hmm… Hospital	for cats?
흠… 병원	고양이들을 위한?

예쓰. 데어ʳ 아ʳ 쏘우 메니 스트뤼잇 캣츠	**인 디쓰 쓰이티.**
Yes. There are so many street cats	in this city.
응. 길고양이들이 많이 있다	이 도시엔.

썸 어브ᵛ 뎀 아ʳ	**허어ʳ트 오어ʳ 이을.**
Some of them are	hurt or ill.
그들 중의 몇몇은	다치거나 병들었다.

히이 원츠 투 빌드	**어 프ᶠ뤼이 하아스삐틀**	**포ᶠ어ʳ 뎀.**
He wants to build	a free hospital	for them.
그는 세우길 원한다	(하나의) 무료 병원을	그들을 위한.

04 대화는 센스와 요령이다.
step

실전 대화는 공부가 아닙니다.
실전 대화는 센스와 요령입니다.

추측하는 표현을 배워보자.

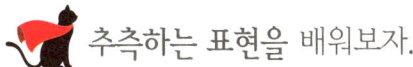

어떤 사실에 대해 추측하는 표현 몇 가지를 알아볼까요.

He **may be** an animal lover.   그는 동물 애호가일 수도 있어.

He **should be** an animal lover.   그는 동물 애호가인 것 같아.

He **must be** an animal lover.   그는 동물 애호가인 게 틀림없어. 💭

혹은 이렇게 말할 수도 있겠지요.

He **seems like** an animal lover.   그는 동물 애호가처럼 보여.

💭 He must be an animal lover.

위의 조동사를 쓴 표현은 may에서 must로 갈수록 확신의 정도가 강해집니다. May를 쓰면 ~일 수도 있고 아닐 수도 있지만, must는 아주 확실하다고 믿고 있을 때 주로 사용합니다.

Street cats

주인이 없이 길에서 사는 고양이를 가리켜 '도둑고양이' 혹은 '길고양이'라고 부르고는 합니다. 영어로도 우리말과 같이 그냥 a street cat이라고 부르면 돼요. A stray cat, an ownerless cat, an alley cat등도 모두 도둑고양이를 가리키는 표현입니다.

01 다음 대화를 목표로

대화의 내용을 완전히 파악하세요.
잠시 후 이 대화를 영어로 말할 수 있게 됩니다.

🐧 맞아. 그는 **애니멀 을러버**ᵛ/ʳ 인 것 같아.
| animal lover 동물 애호가

나도 그래! 🧑

난 동물을 **이스페셜리** 고양이를 정말 **을러브**ᵛ 하지. 🧑
| especially 특히 | love 좋아하다

🐧 너 **캣츠** 두 마리를 기르고 있지.
| cats 고양이들

맞아. 나 **디싸이디드** 했어! 🧑
| decided 결정했다

난 그를 **보ᵛ웃** 할 거야. 🧑
| vote 투표하다

🐧 그건 좋은 **쵸이쓰** 일 거야!
| choice 선택

step 02 어순은 너무나 간단하다.

틀리게 쓰거나 말하면 큰일 날 것 같죠?
천만에요. 오히려 기억력에 큰 도움이 됩니다.

1. 맞아. 그는 틀림없이 / (하나의) 동물 애호가야
   Right. He must be / an animal lover.

2. 나도 그래
   !

3. 나는 정말 좋아한다 / 동물을, 특히 고양이들
   / animals, especially cats.

4. 너는 가지고 있다 / 고양이 두 마리를
   / two cats.

5. 맞아. 나는 결정했다
   !

6. 나는 투표할 것이다 / 그에게 찬성하는
   / for him.

7. 그건 될 것이다 / (하나의) 좋은 선택
   / a good choice !

Episode 18 투표했어? 337

03 영어는 리듬과 강약이다.

한글은 가장 뛰어난 발음기호입니다.
큰 소리로 미친 듯이 반복해 말하세요.

- **롸**이트. 히이 **머스**트 비이 | 언 **애**니멀 을**러**버ᵛ/ʳ.
  Right. He must be | an animal lover.
  맞아. 그는 틀림없이 | (하나의) 동물 애호가야.

- **쏘**우 두우 **아**이!
  So do I!
  나도 그래!

  아이 **뤼**얼리 을**러**브ᵛ | **애**니멀즈, 이스**페**셜리 **캣**츠.
  I really love | animals, especially cats.
  나는 정말 좋아한다 | 동물을. 특히 고양이들.

- **유**우 **해**브ᵛ | **투**우 **캣**츠.
  You have | two cats.
  너는 가지고 있다 | 고양이 두 마리를.

- **롸**이트. 아이 디**싸**이디드!
  Right. I decided!
  맞아. 나는 결정했다!

  아이 윌 **보**ᵛ웃 | 포ᶠ어ʳ **힘**.
  I will vote | for him.
  나는 투표할 것이다 | 그에게 찬성하는.

- **잇** 윌 비이 | 어 **구**드 **쵸**이쓰!
  It will be | a good choice!
  그건 될 것이다 | (하나의) 좋은 선택!

04 대화는 센스와 요령이다.
step

실전 대화는 공부가 아닙니다.
실전 대화는 센스와 요령입니다.

 뜻은 충분히 통한다!

'기르다'라고 하면 보통 raise나 grow 같은 단어가 떠오르시겠지만, 동물을 기른다는 말을 영어에서는 보통 이렇게 표현합니다.

기르다 = 같이 살다

You have two cats. 💬

아, 너 고양이 두 마리를 기르고 있지.

→ **You live with two cats.**

쉽게

너 고양이 두 마리와 함께 살잖아.

💬 **You have two cats.**

You keep two cats. 혹은 You have two cats. '가지고 있다' 정도로 표현하는 것이지요. 특히 grow는 손톱이나 머리가 자라는 것처럼 '**성장**'에 더 가까운 표현이기 때문에 애완동물을 기른다고 할 때는 사용하지 않습니다.

Must

Must에는 의무, 확신, 금지의 뜻이 있습니다.

(의무) I must go.   나는 가야만 한다.
(확신) It must be ture.   그것은 사실임에 틀림이 없다.
(금지) You must not go. 너는 가면 안 된다.

Episode 18 투표했어?   **339**

영어 실력을
늘리겠다는
생각을 **버려라**

여기 체중감량을 하기 위해 고민 중인 사람이 있다. 이것저것 생각하다가 결국 고른 방법은 테니스를 치는 것이었다. 결국, 테니스 코트를 찾아간 이 사람은 코치에게 이렇게 이야기한다. '테니스를 치면 살이 빠지나요? 테니스를 열심히 배워서 꼭 살을 빼고 싶어요.' 만약 당신이 이 사람의 테니스 코치라면 어떤 말을 해주고 싶겠는가?

테니스뿐만 아니라 무엇이든 처음 배우는 것은 쉬운 일이 아니다. 그러나 고생스러운 마음을 조금 참고 배우다 보면 그것의 재미에 빠져들게 되고 그러다 보면 자연스럽게 더욱더 열심히 하게 되는 것이다. 테니스 배우기를 그렇게 즐기며 열심히 하다 보면 자연스럽게 체중감량이라는 부수적인 결과도 따라오게 될 것이다.

결국, 살을 빼야겠다는 마음가짐보다는 테니스를 즐기겠다는 마음으로 시작해야 한다. 그리고 그것이 가장 강력한 동기여야만 한다. 그렇지 않고 체중감량을 하겠다는 생각으로만 접근한다면 금세 마음의 동력을 잃어버리고 실패하게 될 확률이 높다. 체중감량은 테니스의 매력에 빠진 것에 대한 side effect(부수 효과)인 것이다.

영어 회화도 마찬가지이다. 영어 공부를 위해 외국인과 대화를 할 때의 문제점을 생각해 보자. 앞에서 이미 예를 들었으니 이번에는 간단하게 항목으로 정리해 보겠다.

영어공부를 위해 외국인에게 접근할 때의 문제점
- 조급한 마음만큼 영어가 빨리 늘지 않기 때문에 즐겁지 않다.
- 애초에 즐거움이 동기가 아니었으므로 즐겁지 않다.
- 서로 마음이 통하지 않기 때문에 상대방 역시 즐겁지 않다.
- 마음이 위축되고 매 순간 '내가 지금 이게 뭐하는 짓인가?' 하는 생각에 휩싸인다.

당연한 이야기겠지만, 이 책을 읽는 당신은 아마도 자신의 영어 실력 향상에 관심이 많을 것이다. 이 책은 그러한 당신의 관심에 부응하기 위해 만들어진 책이다. 그러나 그럼에도 당신에게 꼭 당부하고 싶은 것이 있다. 영어 회화를 통해 당장 영어 실력을 확 늘리겠다는 욕심은 일단 접어두라는 것이다.

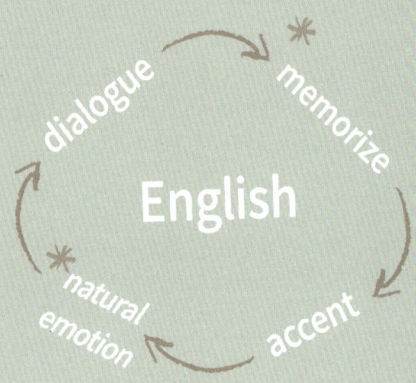

외국인과 영어 회화를 할 때 우리가 가져야 할 특별한 자세는 없다. 아니, 없어야 한다. 그저 평상시에 우리말로 대화할 때와 같이 빠져들기만 하면 되는 것이다. 어떤 대화를 하건 속으로 다른 마음을 품고 이야기를 나눈다면 그것은 진실하지도 못하고 또 재미를 주지도 못한다. 특히 영어로 대화할 때면 더욱더 자신의 감정에 충실하게 빠져드는 것이 좋겠다. 영어라는 언어가 높낮이가 큰 억양을 사용해 감정을 표현하는 언어이기 때문이기도 하지만 사실은 그보다 더 큰 이유가 있다.

대화에 **빠져들면** **마법처럼** 영어가 기억된다

언어는 사실 암기다. 자신이 말하면서 기억하게 되고 또 상대의 말을 들으면서 기억하게 된다. 그런데 당신이 알다시피 기억이라는 것이 우리가 마음먹은 대로 잘 되는 것이 아니다. 그래서 우리는 무언가를 기억하고자 할 때 끊임없이 반복하고 또 반복한다. 그런데 이렇게 여러 번 반복하는 것보다 훨씬 더 좋은 방법이 있다. 우리의 감정을 이용하는 것이다. 이를테면 기쁨, 슬픔, 분노, 창피함, 안타까움, 안도감 같은 감정 말이다.

그 감정의 흐름에 자연스럽게 대화를 맡겨라. 무미건조한 일상보다는 특별한 이벤트가 오래도록 기억에 남듯, 어떤 감정과 함께 익힌 언어는 쉽게 잊어버리지 않게 된다.

영어가 세계 공용어라는 것은 누구나 알고 있다. 그렇다면 영어를 사용하는 모든 사람을 세계인이라고 할 수 있을까? 그렇다면 영어를 더 유창하게 구사할수록 더욱 세계인이라고 불러야 할까? 만약 세계인이 되기 위한 덕목이 한 가지 있다면 그것은 분명 영어실력은 아닐 것이다. 그보다는 서로의 문화 차이를 이해하고 서로 다가가려는 노력이 아닐까? 바로 지금 당신이 관심을 두는 영어공부 또한 그런 노력의 하나라고 볼 수 있을 것이다.

영어를 모국어로 사용하는 사람들은 사실 크게 외국어를 배울 필요를 느끼지 못한다. 그 이유는 굳이 설명할 필요가 없을 것이다. 태어나면서부터 한 가지 언어를 사용해왔는데 그것이 세계 공용어라니 한마디로 억세게 재수 좋은 상황이라 하겠다. 하지만 불행하게도, 정말 불행하게도 이들 중 어떤 이들은 정작 진정한 의미의 세계어가 무엇인지 이해하지 못한다. 진주 목걸이가 엉뚱한 곳에 걸려있는 꼴이다.

세계어가 아닌 모국어로써 영어를 사용하는 사람들의 특징은 무엇일까? 그것은 매우 간단하다. 한 마디로 그들은 다른 문화권에 대한 배려가 없다. 만약 당신이 이런 이들과 유창하지 못한 영어로 대화를 한다면 그들은 분명히 짜증을 낼 것이다.

여하튼 그들은 당신을 바보스러운 외국인으로 생각할지도 모른다. 정작 본인은 세계어를 배우기 위한 어떤 노력도 하지 않았음에도 말이다. 필자는 혹시라도, 만에 하나라도 당신이 이런 이들과의 대화에 상처를 받을까 걱정된다. 그래서 세계인들과의 대화의 문마저 닫아버릴까 두렵다.

그러니 생각해보자. 유창한 영어를 구사하는 것이 어찌 자랑스러운 일이란 말인가? 반대로 영어를 유창하게 구사하지 못하는 것이 어찌 부끄러운 일이란 말인가? 정말 부끄럽고 불쌍한 것은 바로 이와 같은 생각을 하는 그 사람일 것이다. 바보가 우리를 바보라 부른다고 상처받아서는 안 되는 것이다.

그렇다고 해서 영어를 모국어로 사용하는 사람들을 무조건 피하라는 것은 아니다. 이들 중에도 깨어있는 사람들은 얼마든지 있다. 다만 필자는 확률을 이야기하고 싶고 또 생각의 전환을 당부하고 싶은 것이다. **당신처럼 영어를 외국어로 배워서 대화하는 외국인과 만난다면 그는 아마도 당신의 좋은 친구가 되어줄 것이기 때문이다.**

미국 보다도 영어가 쉬워진다 세계인들과 대화하라

상황에 맞는 질문을 미리 발견하라

어떤 말로 대화를 시작하는 것이 좋을까? 이것은 영어가 아닌 관찰의 문제이다. 상대와 상황을 살펴보면 저절로 하고 싶은 말이 생각날 것이다. 그렇다고 무슨 첩보영화나 탐정영화에 등장하는 대단한 관찰력을 요구하는 것은 아니다. 단지 조금의 관심이 필요할 뿐이다.

그래도 어렵게 느껴진다면 좀 더 쉬운 방법을 생각해 보자. 우선 말을 걸고 싶은 상대가 있다면 그 상대를 혼잣말로 한번 묘사해 보자. 예를 들어 그가 멋진 모자를 쓰고 있다거나, 그가 무엇인가를 들여다보며 깊은 생각에 빠져 있다고 말해 보는 식이다. 이렇게 말해 보는 순간 우리는 이미 상대에 대한 관찰을 끝내고 말을 걸만한 포인트를 찾게 된다.

생각보다 어렵지 않다. 그저 관찰한 대로 가볍게 한마디 던져보면 되는 것이다. 다음 이야기를 읽고 나면 더욱 쉽게 느껴질 것이다.

첫마디를 건넨다는 것은 어떤 의미인지 생각해 보자. 이 질문에서 이미 조금은 느낄 수 있는 것처럼 첫마디를 건다는 것은 그 행위 자체에 의미가 있다. 그저 말을 걸었다는 사실 그 자체가 중요하다는 것이다. 대화의 첫마디에서는 '난 지금 너와 대화를 하려 해. 넌 어떠니?'라는 의사를 전달하는 것만으로도 충분하다. 즉 어떤 말로 대화를 시작했는지는 사실 그다지 중요한 문제가 아니라는 것이다. 상대가 이상하게 여길 만큼 괴상망측한 질문만 아니라면 어떠한 말이라도 상관이 없는 것이다.

단지 자연스럽기만 하면 된다. 그런 면에서 어떤 말을 하는가보다는 오히려 말투나 표정이 더 중요하다. 자신감 없는 표정이나 말투로 이야기한다면 어떤 말로 시작한다 해도 자연스러운 대화로 이어지기는 어려울 것이다.

대화에 대화를 맡겨라

Dialogue

상대와 서로 대화 의사가 있다는 것을 파악했다면, 이제 첫마디를 주고받음으로써 얻은 정보에 대해 조금 더 이야기해 보자. 예를 들어 당신이 상대방이 쓰고 있는 모자에 관해 칭찬하며 대화를 시작했다고 가정해 보자.

어디에서 샀는지.
Where did you buy it?

얼마에 샀는지.
How much is it?

왜 모자를 썼는지.
Why are you wearing a cap?

평소에 모자를 자주 쓰고 다니는지.
Do you like wearing a cap **usually**?

이 단계에서는 이미 자연스러운 대화가 이루어지고 있다. 그저 물이 흐르듯이 상황에 맞춰 대응하면 되는데 주의할 점이 있다면 **준비한 질문에 집착하지 않아야 한다는 것**이다. 그렇게 해서는 대화의 흐름을 탈 수 없기 때문이다. 요즘 TV에서 예능프로그램을 보면 여러 명의 출연자가 모여 이야기를 나눈다. 그러다 보면 누군가 끼어든 한 마디에 대화의 방향이 완전히 달라져 버리곤 한다. 이때 나머지 출연자들은 원래 주제에 대한 집중력, 혹은 준비했던 내용은 버리고 가볍게 새로운 주제로 옮겨 간다. 이는 어쩔 도리가 없는 일이다.
다시 한번 강조하지만, 자신이 준비한 내용에 집착해서는 안 된다.

공동의
관심사를
발견하라

친구 사이에 공동의 관심사처럼 중요한 것이 있을까? 요즘처럼 취미와 관심사가 다양해진 때에 말이다. 이러한 현상은 시대가 발전할수록 더욱 뚜렷해질 것이다. 학창 시절 단짝 친구보다 현재의 동호회 친구들과 더 자주 만나게 되는 것도 이러한 현상과 맥을 같이한다.

공동의 관심사에 관해 이야기하는 것은 대화를 이끌어 나가는 데에도 유용하지만, 낯선 상대를 친구로 발전시키는 매우 좋은 방법이기도 하다. 거의 유일한 방법이라고 할 수도 있다. 왜냐하면, 공동의 관심사를 통해 이후 함께 할 수 있는 일정을 정하고 약속할 수 있기 때문이다. 생각해보자. 난데없이 우리 다시 만나자고 할 수는 없는 일 아니겠는가?

물론 이러한 과정이 순조롭게 이루어진다고 해서 그 관계를 낙관적으로만 생각해서는 안 된다. 그저 상황상 그렇게 이야기했을 확률도 매우 높기 때문이다. 이것은 상대뿐 아니라 나도 마찬가지 아닌가? 이제 당신도 거의 외웠을 만한 이야기를 다시 하자면, **집착해선 안 된다.** 예를 들어 함께 공동의 관심사인 금붕어 쇼핑을 가기로 약속했다고 치자. 그러면 대충의 날짜를 정하고 조심스럽게 연락처를 받았을 것이다. 하지만 그렇다고 해서 곧바로 시간약속을 정해도 된다는 것은 아니다. 이 연락처는 어떤 방식으로 사용하는 것이 좋을까? 순서를 정해보았다.

STEP 1

만나서 반가웠다는 친절한 문자메시지를 보낸다. 왜냐하면, 당신만큼 상대방도 당신에 대해 어떤 사람인지 확신하지 못하고 있기 때문이다. '서로 전화번호를 교환했지만, 설마 진짜 연락을 하겠어?' 라고 생각하고 있을지도 모르기 때문이다. 따라서 **일단 우리가 사교적이고 적극적이며 상대를 배려하는 마음을 가지고 있다는 것을 보여주는 것은 당연**한 과정이다. 하지만 이 과정에서 상대의 답장이 없을 수도 있다. 만약 답장이 왔다 하더라도 꼭 재답장을 보내야 하는 것은 아니다.

- It was really nice to meet you.
- I hope you are enjoying your travel.

STEP 2

혹시 함께 가기로 한 금붕어 쇼핑이 정말 가능하겠는지, 혹시 **시간상으로 곤란하지는 않은지** 묻는다. 답장을 보면 상대의 의사를 알 수 있다.

- Do you remember to go shopping together?
- I'm wondering if you are not too busy.

STEP 3

장소와 시간을 정한다.

- Where shall we meet?
- What time shall we meet?

이야기를 마치며 한 가지 당부하고 싶은 말이 있다. 낯선 외국인에게 말을 걸 때면 우리는 이 사람을 단지 외국인으로서만 생각하게 될지도 모른다. 하지만 그는 외국인이기 이전에 하나의 개인이며 모든 사람은 각각 다른 성격을 가지고 있다. 즐거운 대화가 이어지건, 아니면 냉정하게 거부당하건 그것은 결코 그 사람이 외국인이기 때문이 아니다. **당신이 말을 걸었던 그 사람의 성격, 다시 말해 이 세상의 60억 인구만큼 다양한 성격 중 우연히 마주친 하나의 성격, 하나의 취향과의 문제라는 것이다. 따라서 지나치게 저돌적인 것도, 지나치게 두려워하는 것도 결코 현명하지 못하다.** 이 말을 기억하며 부디 세계인과의 대화가 주는 즐거움에 함께 빠져들 수 있기 바란다.